Asami Kiyokawa
Stitch Stories *Himitsu*

清川あさみ作品集　ひみつ

Preface はじめに

その時の感覚に逆らわず今を表現していきたい。

ここに集まるは、3年間の中で溢れ出てきた作品達。

前回の10年間の活動を収めた作品集に続き、

また素晴らしいさまざまな出会いがここに集結した。

清川あさみという作品は、どのように生まれ、どのような場所にいるのか。

そして、どこにたどり着くのか。

それもまたひみつ。

清川 あさみ

Contents 目次

- 002 ── **Preface** はじめに
- 004 ── **Editorial Notes** エディトリアルノート 本書の見方
- 005 ── **Stitch Story 1** Collaboration コラボレーション
- 051 ── **Stitch Story 2** Spatial Design 空間デザイン
- 101 ── **Stitch Story 3** Advertisement 広告
- 139 ── **Stitch Story 4** Product Design プロダクト
- 165 ── **Stitch Story 5** Book ブック
- 197 ── **Stitch Story 6** Movie & Television 映画・テレビ
- 209 ── **Stitch Story 7** Himitsu ひみつ
    - 210 対談 1 Daisuke Tsuda × Asami Kiyokawa 津田大介 × 清川あさみ
    - 212 対談 2 Kaho Minami × Asami Kiyokawa 南 果歩 × 清川あさみ
    - 214 対談 3 Motohiro Fukuoka & Koji Sakabe × Asami Kiyokawa 福岡元啓&坂部康二 × 清川あさみ
    - 216 対談 4 Kanae Minato × Asami Kiyokawa 湊 かなえ × 清川あさみ
    - 218 対談 5 Isao Yukisada × Asami Kiyokawa 行定 勲 × 清川あさみ
    - 220 **Asami Kiyokawa's History** 清川あさみ年表

Editorial Notes エディトリアルノート　本書の見方

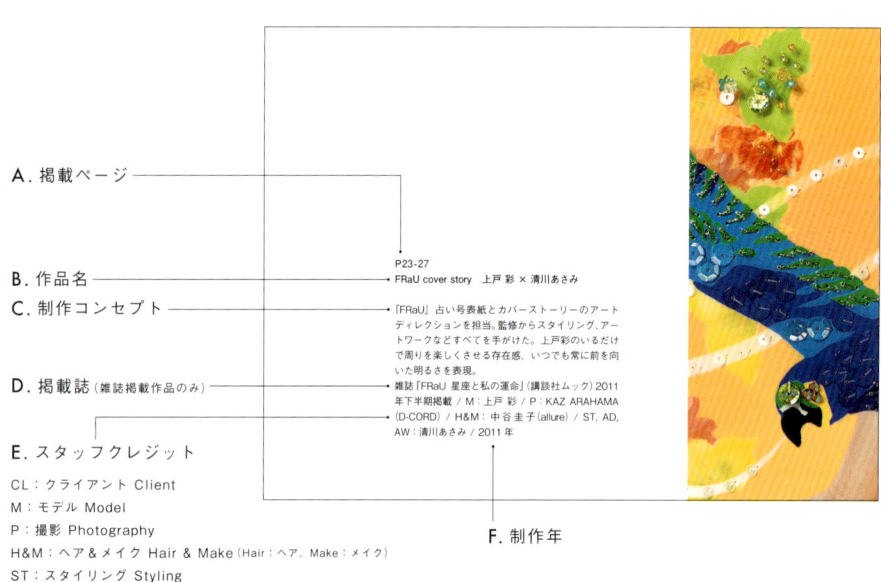

- A. 掲載ページ
- B. 作品名
- C. 制作コンセプト
- D. 掲載誌（雑誌掲載作品のみ）
- E. スタッフクレジット
  - CL：クライアント Client
  - M：モデル Model
  - P：撮影 Photography
  - H&M：ヘア＆メイク Hair & Make（Hair：ヘア、Make：メイク）
  - ST：スタイリング Styling
  - CD：クリエイティブ・ディレクション Creative Direction
  - AD：アート・ディレクション Art Direction
  - D：デザイン Design
  - AW：アートワーク Art Work
  - I：イラストレーション Illustration
  - LD：ロゴデザイン Logo Design
  - Pr：プロデューサー Producer
  - CW：コピーライター Copywriter
- F. 制作年

上記以外の制作者呼称は省略せずに掲載しています。
各企業に付随する「株式会社」「（株）」および「有限会社」「（有）」は表記を省略させて頂きました。
本書に掲載されている商品・展覧会・キャンペーン等は、すでに終了しているものもございます。ご了承下さい。
本書に記載された企業名・商品名は、掲載各社の商標または登録商標です。

Stitch Story 1　　**Collaboration**　コラボレーション

P6-15
柴咲コウ
Orb -Ko Shibasaki 10th Anniversary Premium Box-

柴咲コウの音楽活動10周年を記念した初回完全生産限定 超豪華 Premium Box（LP使用（32cm×32cm）ジャケット）。ブックレットには「音＝Sound」をテーマに制作したビジュアルストーリー「柴咲コウ × 清川あさみ Visualized Story『Sound Of Ko』」が収められる。
M：柴咲コウ / P：宮澤 聡 (D-CORD) / H&M：丹羽寛和 (Maroonbrand) / ST, AD, AW：清川あさみ / 発売元：ユニバーサルミュージック合同会社 / 2012年

P17-21
FRaU cover story　山田 優 × 清川あさみ

『FRaU』占い号表紙とカバーストーリーのアートディレクション。監修からスタイリング、アートワークなどすべてを手がけている。
雑誌『FRaU』2010年8月号増刊（講談社）掲載 / M：山田 優 / P：朴 玉順 (CUBE) / H&M：荒川たつ野 (nude.) / ST, AD, AW：清川あさみ / 2010年

P23-27
FRaU cover story　上戸 彩 × 清川あさみ

『FRaU』占い号表紙とカバーストーリーのアートディレクションを担当。監修からスタイリング、アートワークなどすべてを手がけた。上戸彩のいるだけで周りを楽しくさせる存在感、いつでも常に前を向いた明るさを表現。
雑誌『FRaU 星座と私の運命』(講談社ムック)2011年下半期掲載　/ M：上戸 彩 / P：Kaz ARAHAMA (D-CORD) / H&M：中谷圭子(allure) / ST, AD, AW：清川あさみ / 2011年

清川あさみ×JILL STUART「頰物語」

JILL STUART のチーク・コラボレーション企画。イメージは「雪の妖精」。大人っぽいけれど少女のようでもあるチークを主役に、白く輝く雪のアートワークの中、頰だけはちょっとジューシーに健康的でハッピーなイメージに。
雑誌『VoCE』2013 年 1 月号（講談社）掲載
© 講談社
M：比留川 游／P：寺田茉布 (LOVABLE)／H&M：中山友恵 (Three Peace)／ST：西野メンコ／AD, AW：清川あさみ／2012 年

清川あさみ×JILL STUART「頬物語」

JILL STUARTのチーク・コラボレーション企画。ジューシーでポップな愛らしいチーク。見るだけで元気になれそうな、食べたくなるようなほっぺをイメージ。
雑誌『VoCE』2013年3月号（講談社）掲載
© 講談社
M：藤井リナ / P：寺田茉布(LOVABLE) / H&M：犬木 愛(agee) / ST：西野メンコ / AD, AW：清川あさみ / 2013年

P32-35
清川あさみ × 映画「BECK」

映画「BECK」と『FRaU』のコラボレーション企画。
今まで見た事のない大人ロックな佐藤健を表現。
雑誌『FRaU』(講談社) 2010年9月号掲載 / M：
佐藤 健 / P：CHENCHE KAI (SEPT) H&M：
岩田恵美 / ST, AD, AW：清川あさみ / 2010年

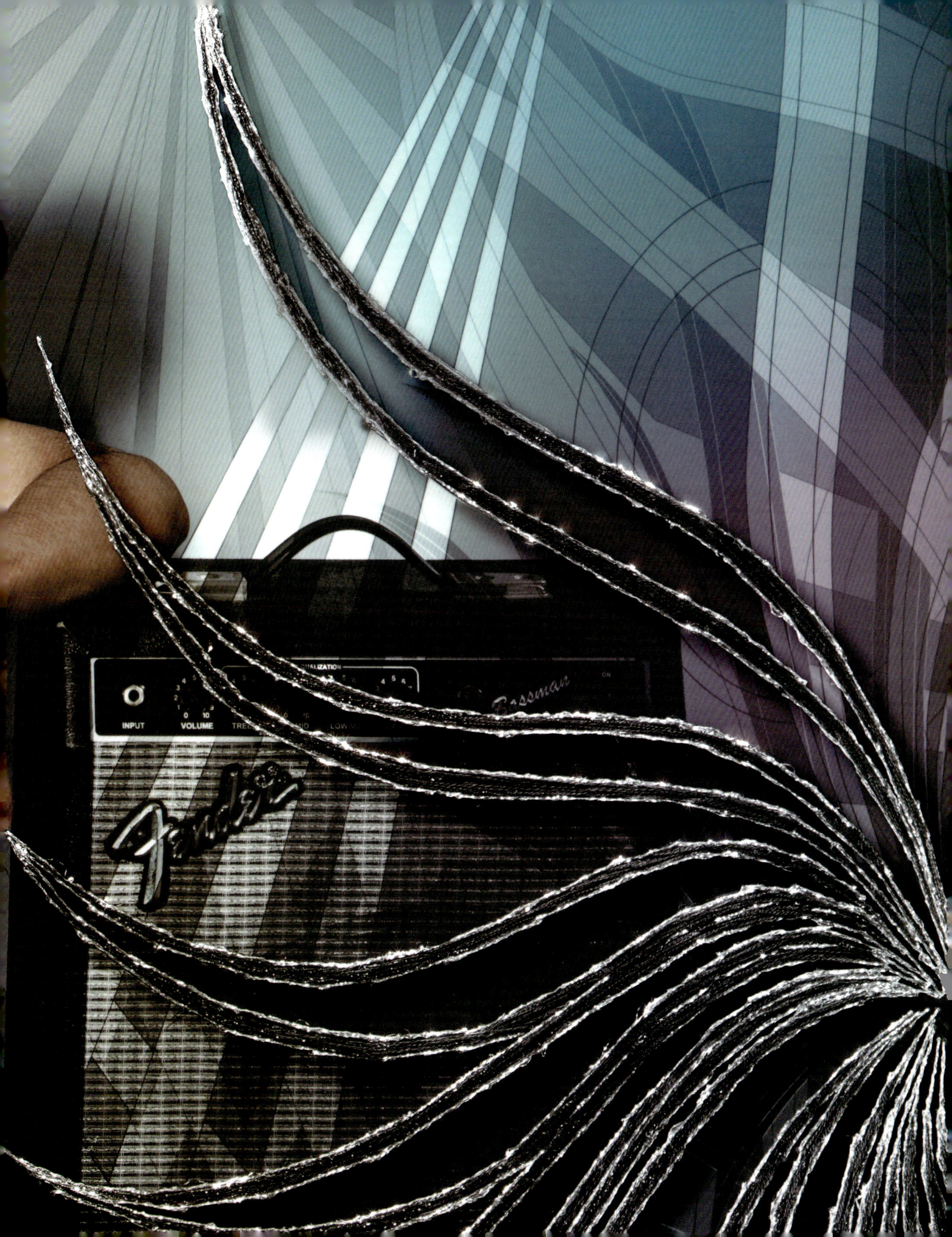
INPUT
VOLUME
Bassman
Fender

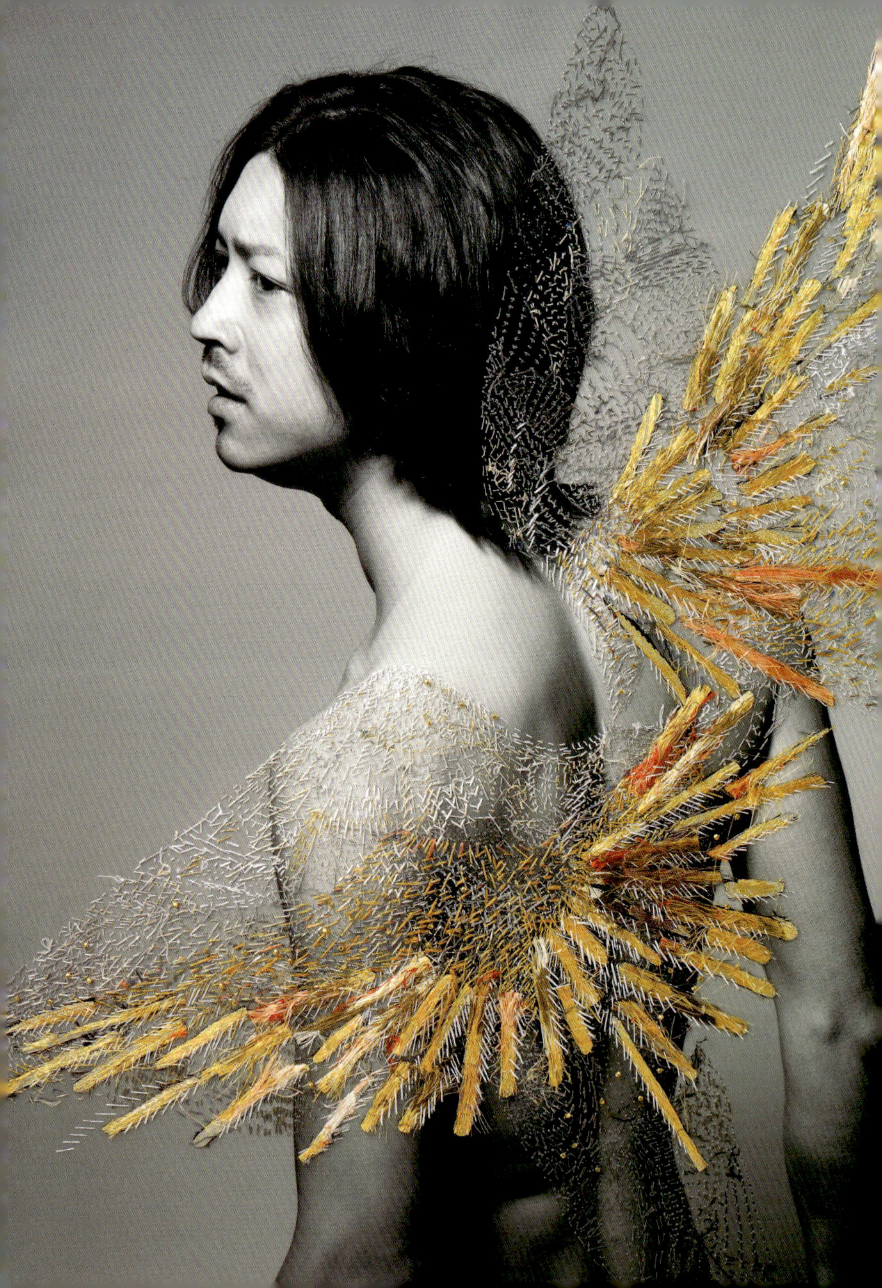

男糸 DANSHI
「窪田正孝 × 沖田総司」

気さく、思いやり、信頼、バランス感覚がよい、内
気、チャーミング
書籍『男糸 DANSHI』(講談社)より / M:窪田正孝 / P:
小林ばく / H&M:かすやみき / ST:大石裕介 (Der
GLANZ) / AD, AW:清川あさみ / 2013 年

男糸 DANSHI
「隈 研吾 × 松尾芭蕉」

几帳面、勤勉、リーダーシップ、決断力、威厳がある
癒し
書籍『男糸 DANSHI』(講談社) より / M：隈 研
吾 / P：CHENCHE KAI (SEPT) / AD, AW：清

男糸 DANSHI
「東出昌大 × 牛若丸（源 義経）」

カリスマ性、勘がいい、楽しむ、真面目、力強い
書籍『男糸 DANSHI』（講談社）より / M：東出昌大 /
P：笹口悦民 / H&M：戸田和樹 / ST：檜垣健太郎 /
AD, AW：清川あさみ / 2013 年

男糸 DANSHI
「松尾スズキ × 杉田玄白」

寛大、優しい、協調性、個性的、破壊的、アイデアマン、才能、好奇心旺盛、社交性
書籍『男糸 DANSHI』(講談社)より / M：松尾スズキ / P：前 康輔 / H&M：TOYO / AD, AW：清川あさみ / 2013 年

男糸 DANSHI
「茂木健一郎 × アルベルト・アインシュタイン」

魅力的、天才、ユーモア、直感力、鋭い
書籍『男糸 DANSHI』(講談社)より / M：茂木健一郎 / P：CHENCHE KAI (SEPT) / AD, AW：清川あさみ / 衣装コーディネート：Classico / 2013 年

Song Bird

orange pekoe「ソングバード」PV

初夏の風を感じさせるようなorange pekoeらしいハッピー・スウィング、ポジティブで心地よいトラックに、みずみずしい刺繍の草花を施した。清川あさみ×林 海象による共同監督作品で今までにないorange pekoeワールドを表現。
© アリオラジャパン
M：ナガシマトモコ、藤本一馬 (orange pekoe) /
AD, AW：清川あさみ / 映像ディレクション：林 海象 / 2008年

ゆめいろ
ワルツ

詞・曲 イノトモ
編曲 栗コーダーカルテット

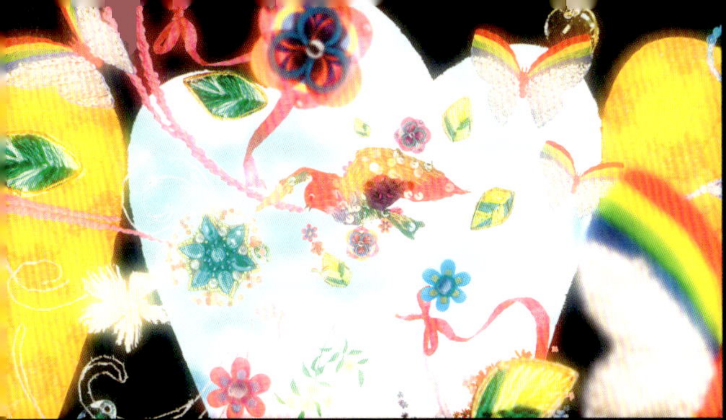
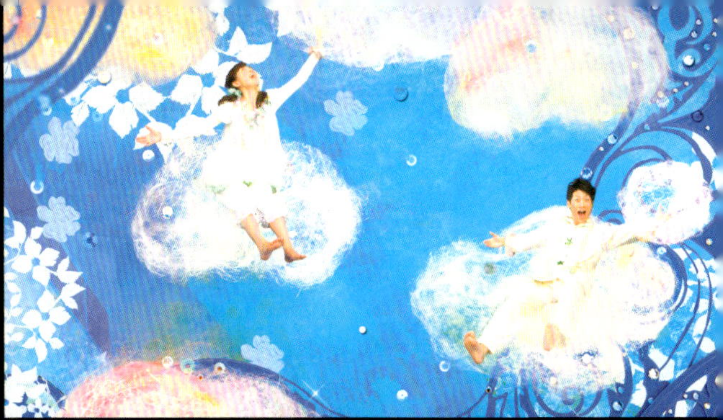
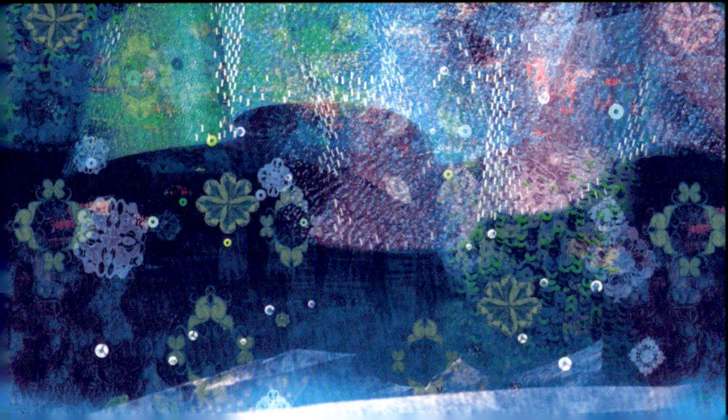
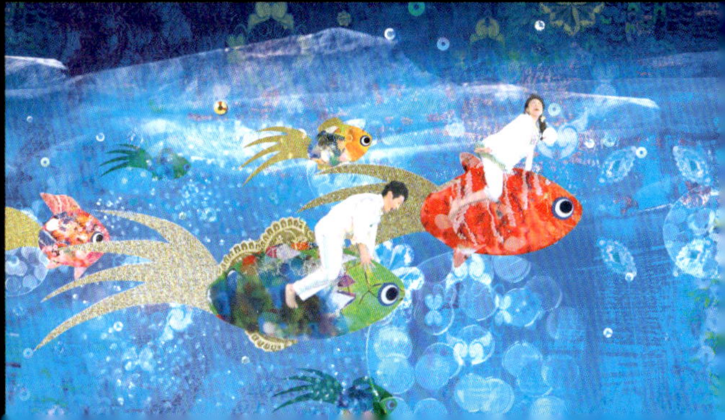

空条徐倫(くうじょうジョリーン) × 涼蜘蛛(すずみぐも)
雑誌『ダ・ヴィンチ』(KADOKAWA メディアファクトリー)
2012 年 8 月号「JOJO=JAPAN」特集

歴代ジョジョシリーズ唯一の女性主人公・空条徐倫とのコラボレーション。「美しい巣を張る蜘蛛」というイメージで、ひとりの女の子がきれいな巣を張る蜘蛛に変身していく過程を描いた。
©LUCKY LAND COMMUNICATIONS / 集英社
I：荒木飛呂彦 / AD, AW：清川あさみ / 2012 年

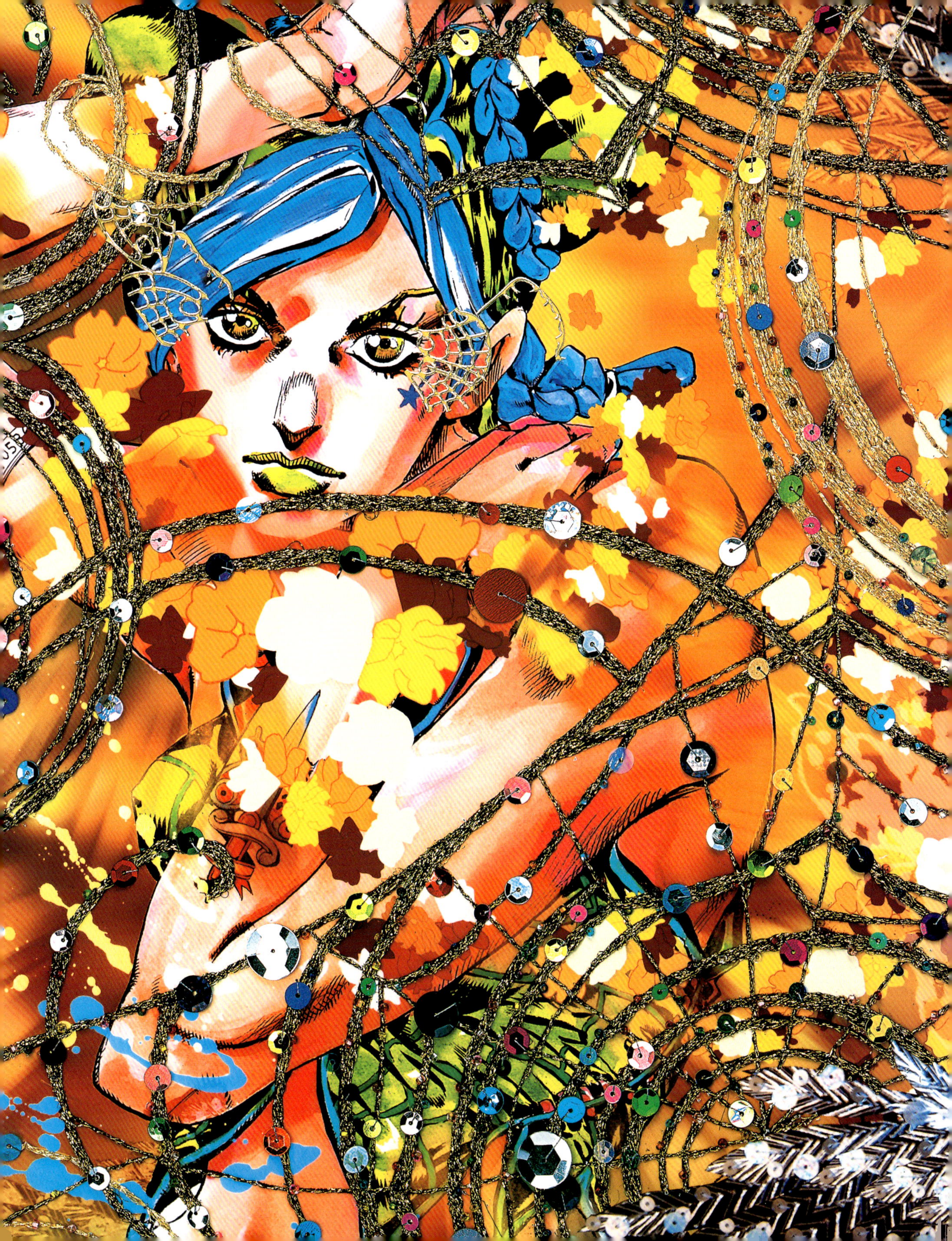

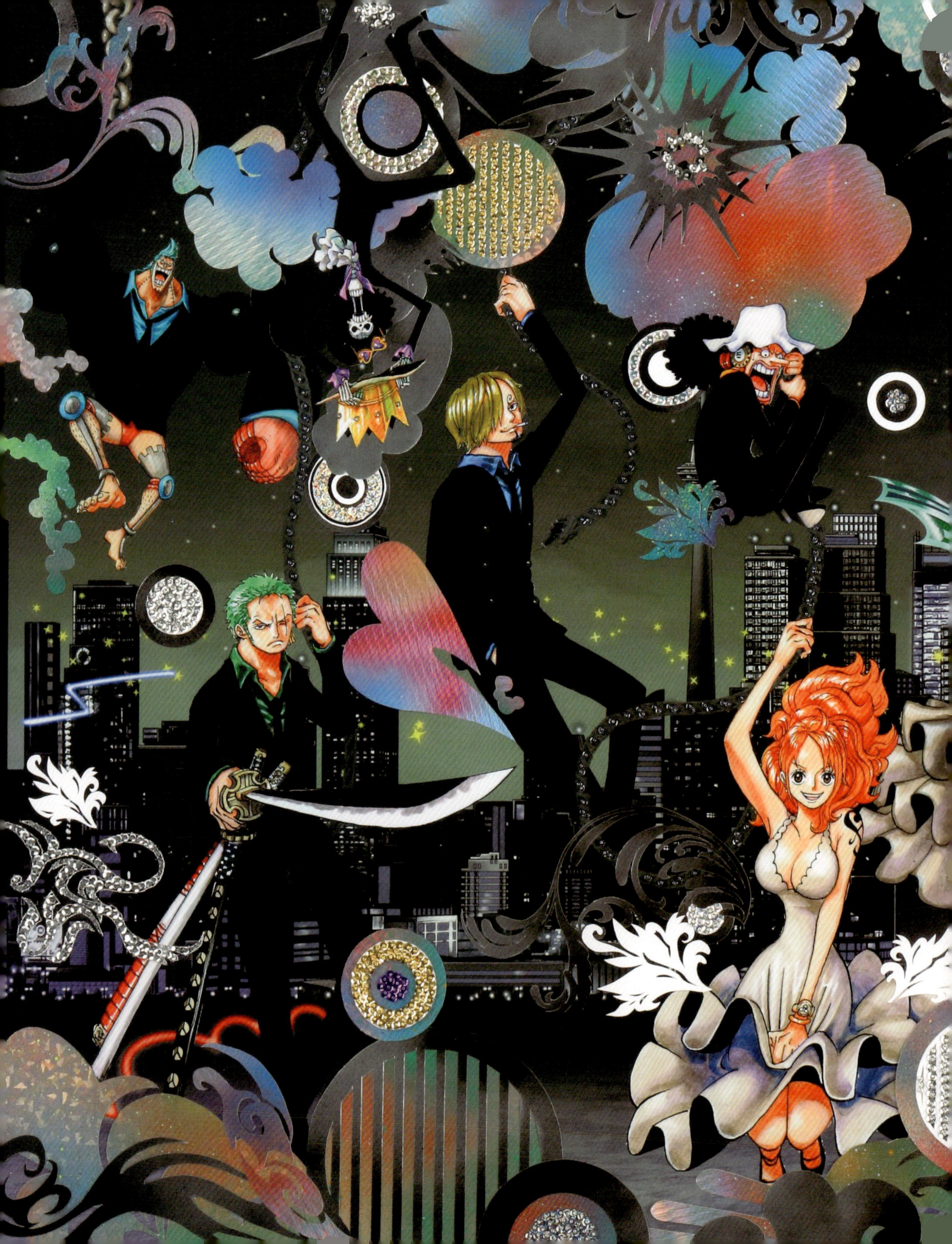

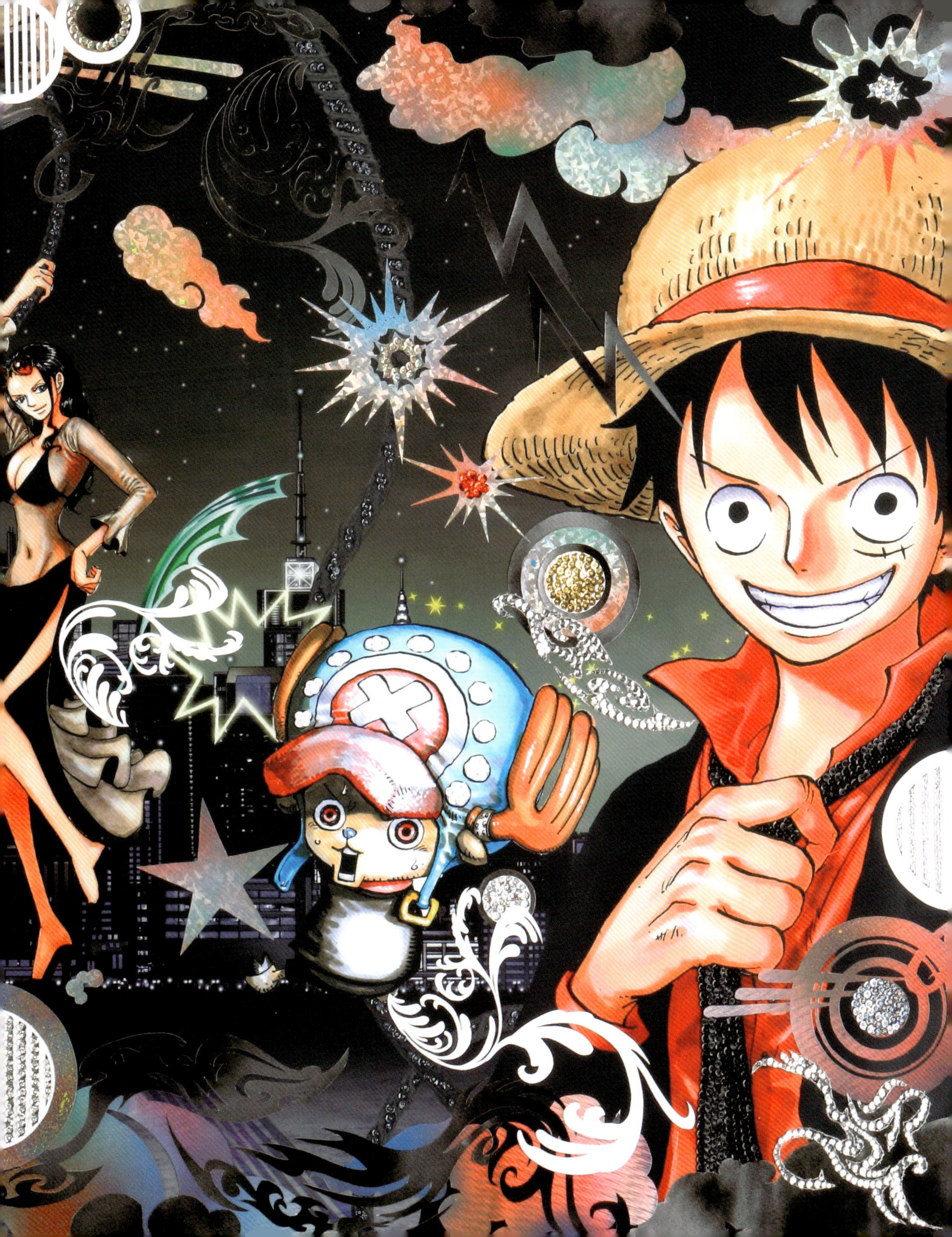

P48-49
ONE PIECE
『週刊少年ジャンプ』(集英社) 46号表紙

表紙のテーマや衣装もいちから提案し、キャラクターはすべて尾田先生の描き下ろしで話題に。ミステリアスでアダルトでクールなルフィたちを見たい！と思い、テーマは「夜の街に現る！スパイ風な一味‼」に。
© 尾田栄一郎／集英社
I：尾田栄一郎／AD, AW：清川あさみ／2013年

P50
ONE PIECE
月刊文芸誌『すばる』(集英社) 2011年3月号表紙

「ONE PIECE」累計発行2億冊突破記念キャンペーンの一環として、表紙に麦わらの一味が登場。清川あさみのファンタジーな世界とワンピースの初コラボ。
© 尾田栄一郎／集英社
I：尾田栄一郎／AD：中村慎太郎／AW：清川あさみ／2011年

Stitch Story 2　　　**Spatial Design**　　空間デザイン

ミラノサローネ出展作品
「TOKYO IMAGINE -ABLE & PARTNERS TOKYO DESIGNERS WEEK in MILANO-」メイン会場入り口を飾るメインビジュアル

2020年のオリンピック開催地に決定し、カルチャー&食文化などとともに、今世界中から注目を集める都市TOKYO。そのTOKYOの今を伝えるCREATIVEエキシビジョンとして、TOKYO DESIGNERS WEEKが7年ぶりにミラノサローネに参加し「TOKYO IMAGINE -ABLE & PARTNERS TOKYO DESIGNERS WEEK in MILANO-」を開催。伊藤若冲展などさまざまなコンテンツが盛りだくさんの中、清川は3作品を発表。「TOKYO IMAGINE -ABLE & PARTNERS TOKYO DESIGNERS WEEK in MILANO-」のメインビジュアルはモデルに太田莉菜を迎え、清川が思う「TOKYO」をイメージしたビジュアルに仕上げた。家紋ヘルメットはオリジナルで制作。アジアと宇宙をイメージさせる世界観に。2014年4月にミラノサローネにて発表。
M：太田莉菜 / P：内田将二 / H＆M：丹羽寛和 (Maroonbrand) / ST, AD, AW：清川あさみ / Pr：DESIGN ASSOCIATION NPO / 2014年

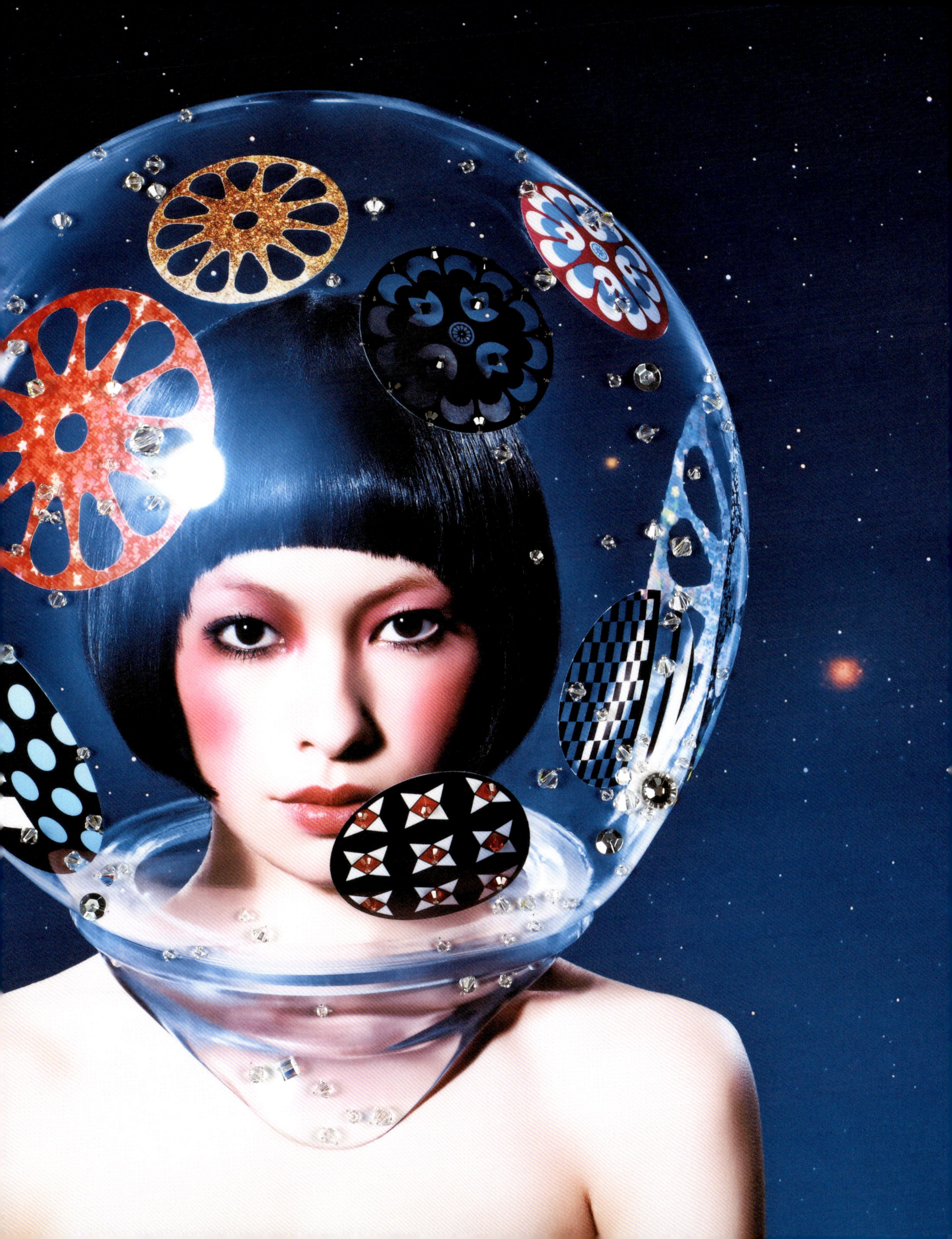

Chintai

TOKYO MERRY-GO-ROUND
by ASAMI KIYOKAWA

CHINTAI × DESIGN ASSOCIATION
TOKYO MERRY-GO-ROUND by ASAMI KIYOKAWA
Everyone loves merry-go-round, a beautiful childhood memory of all. In this year's Milano Salone, TDW presents a whole new type of merry-go-round designed by ASAMI KIYOKAWA and other Japanese creators under the theme of Tokyo, suggesting a new style of "Wa" (Japanese culture). Together with the shiny, speedy movie projected on the merry-go-round, sense the new taste of "wa" in this fancy merry-go-round!

CHINTAI × DESIGN ASSOCIATON
TOKYO MERRY-GO-ROUND di ASAMI KIYOKAWA
Tutti amano la giostra, uno dei più bei ricordi dell'infanzia. Nei Salone del Mobile di quest'anno, TDW presenta un tipo di giostra completamente nuovo, disegnato da Asami Kiyokawa e altri creativi giapponesi e basato sul tema di Tokyo in quanto nuovo "wa" ("giapponesità"). Un oggetto che sembra uscito da un mondo fantastico e un filmato scintillante e vorticoso: vi presentiamo la giostra che vi farà sentire il "wa"!

Project: ASAMI KIYOKAWA (Artist) + DA (Toshiaki KAWASAKI, Akihiro "MILE")
Production: Naoki KAWAMOTO (Product Designer), Kenichiro TERAUCHI (Merry-go-round artist)
Movie: MORI (Synaptic Design inc.)
Performance: PIPPA (Dancer)
Costumes: Kyohiro EBATA (Fashion Designer)
Design: ASAMI KIYOKAWA

Chintai

TOKYO MERRY-GO-ROUND
by ASAMI KIYOKAWA

CHINTAI × DESIGN ASSOCIATION
TOKYO MERRY-GO-ROUND by ASAMI KIYOKAWA

Photo by Nacasa & Partners

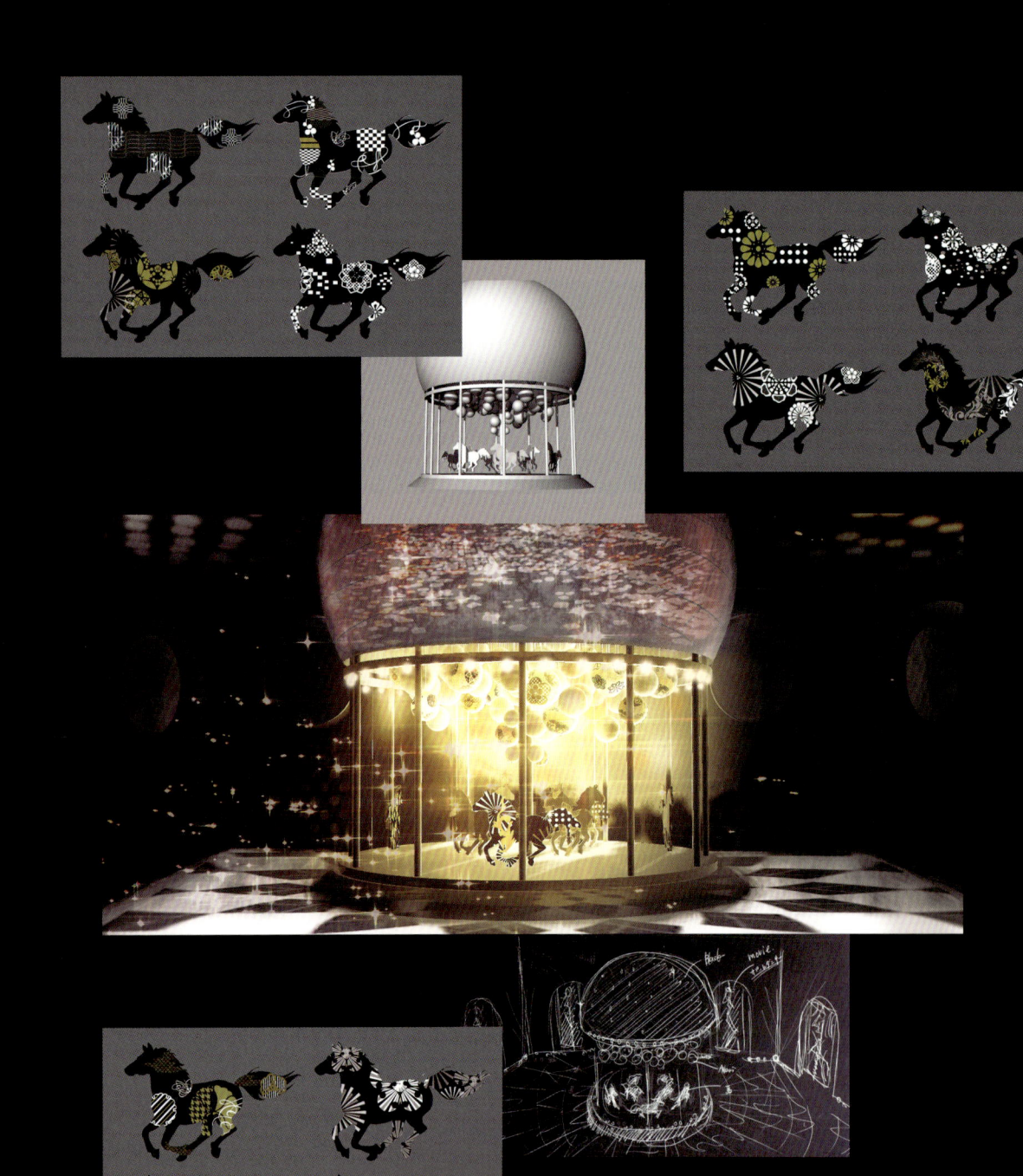

P54-56
ミラノサローネ出展作品
「TOKYO IMAGINE -ABLE & PARTNERS TOKYO DESIGNERS WEEK in MILANO-」インスタレーション＆空間デザイン「TOKYO MERRY-GO-ROUND」

「TOKYO IMAGINE -ABLE & PARTNERS TOKYO DESIGNERS WEEK in MILANO-」にて制作した、世界中で愛されるメリーゴーランドを使った東京をイメージさせるインスタレーション。清川がデザイン・監修のもと、ファンタジーかつ、最も新しい未来の「和製」メリーゴーランドを制作。雅でモード未体験のアーティスティックなメリーゴーランドをデザイン。P54-55は完成作品、P56はメリーゴーランドや馬のラフ、3Dデザイン。2014年4月ミラノサローネにて発表。

企画：清川あさみ×DESIGN ASSOCIATION NPO／D, AW：清川あさみ／メリーゴーランドCG, 制作：川本尚毅、テラミチケンイチロウ／映像制作：WOW／出演：PIPPI（ダンサー）／衣装：江幡晃四郎／後援：CHINTAI／2014年

P57-59
SPRING DANCE
西武・そごう2014年春キャンペーンキービジュアル

柔らかいフェミニンな植物や蝶とボーダーを融合し、華やかで色っぽいイメージのビジュアルに仕上げた。ウィンドウディスプレイ、店内装飾など期間ごとにさまざまな形で展開。P57 上は西武池袋本店、P57 下は西武渋谷店のショーウィンドウ、P58-59 はデザイン画。
CL, 企画：西武・そごう / P：ナカサ＆パートナーズ / I：清川あさみ / D：ケー・ディー / 2014 年

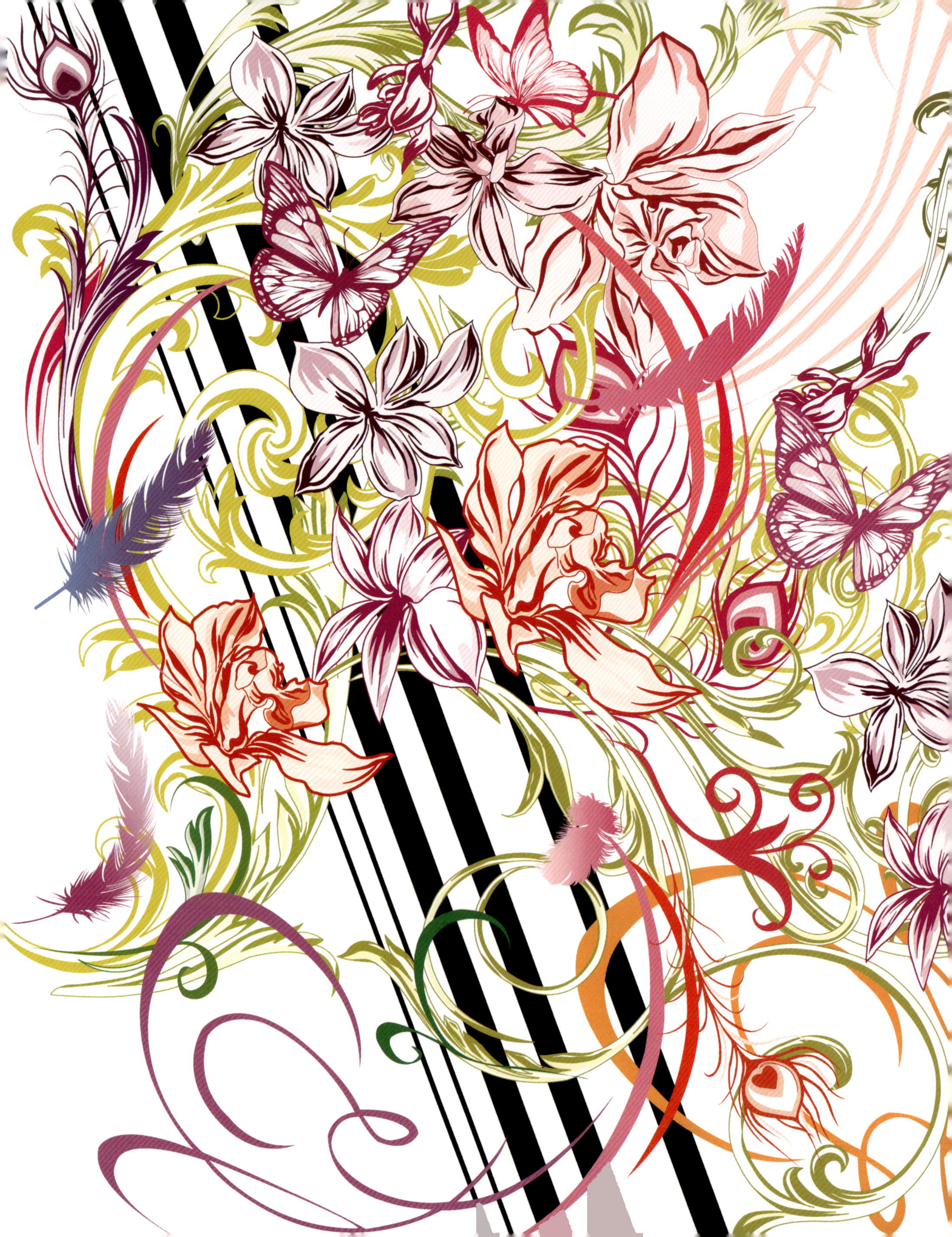

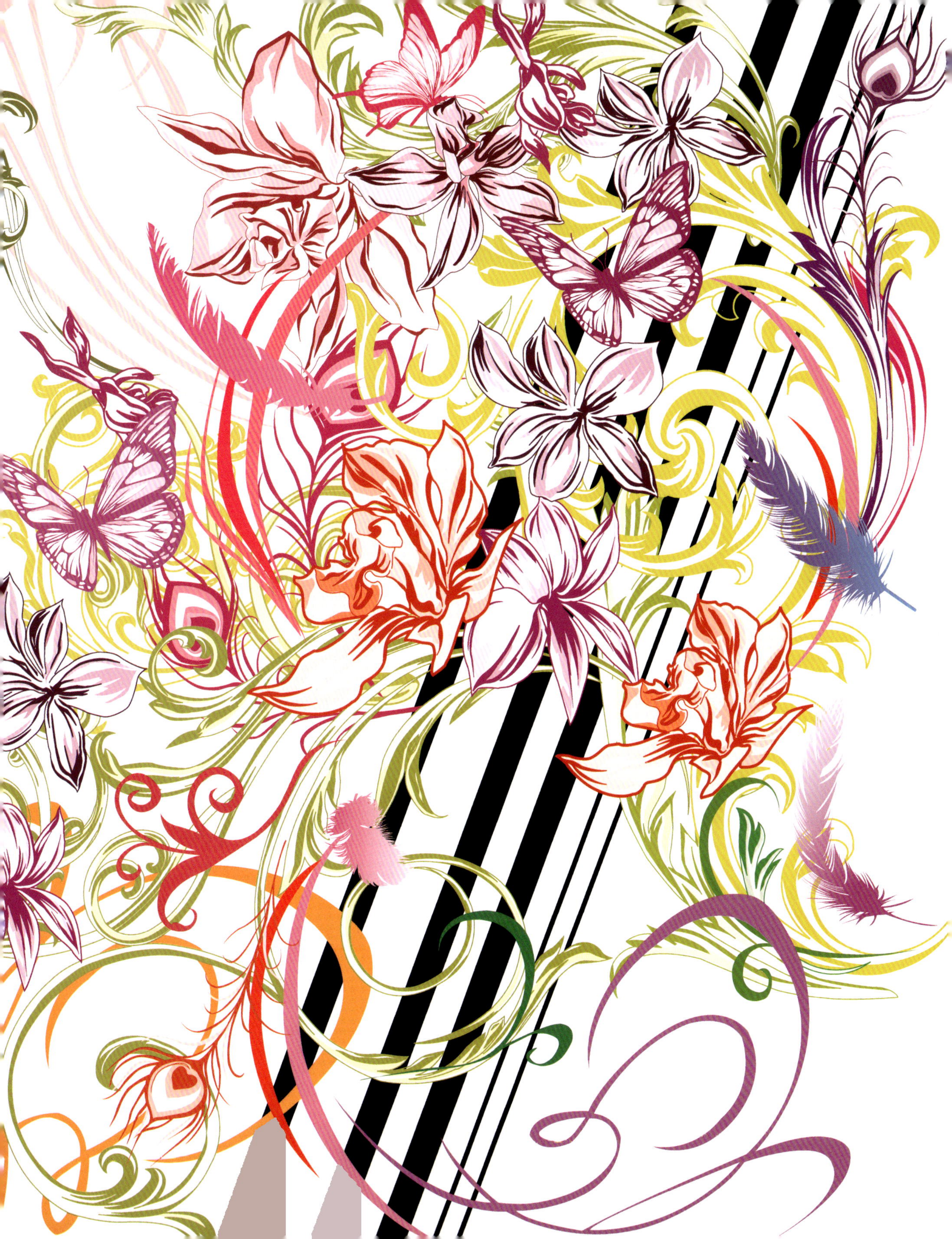

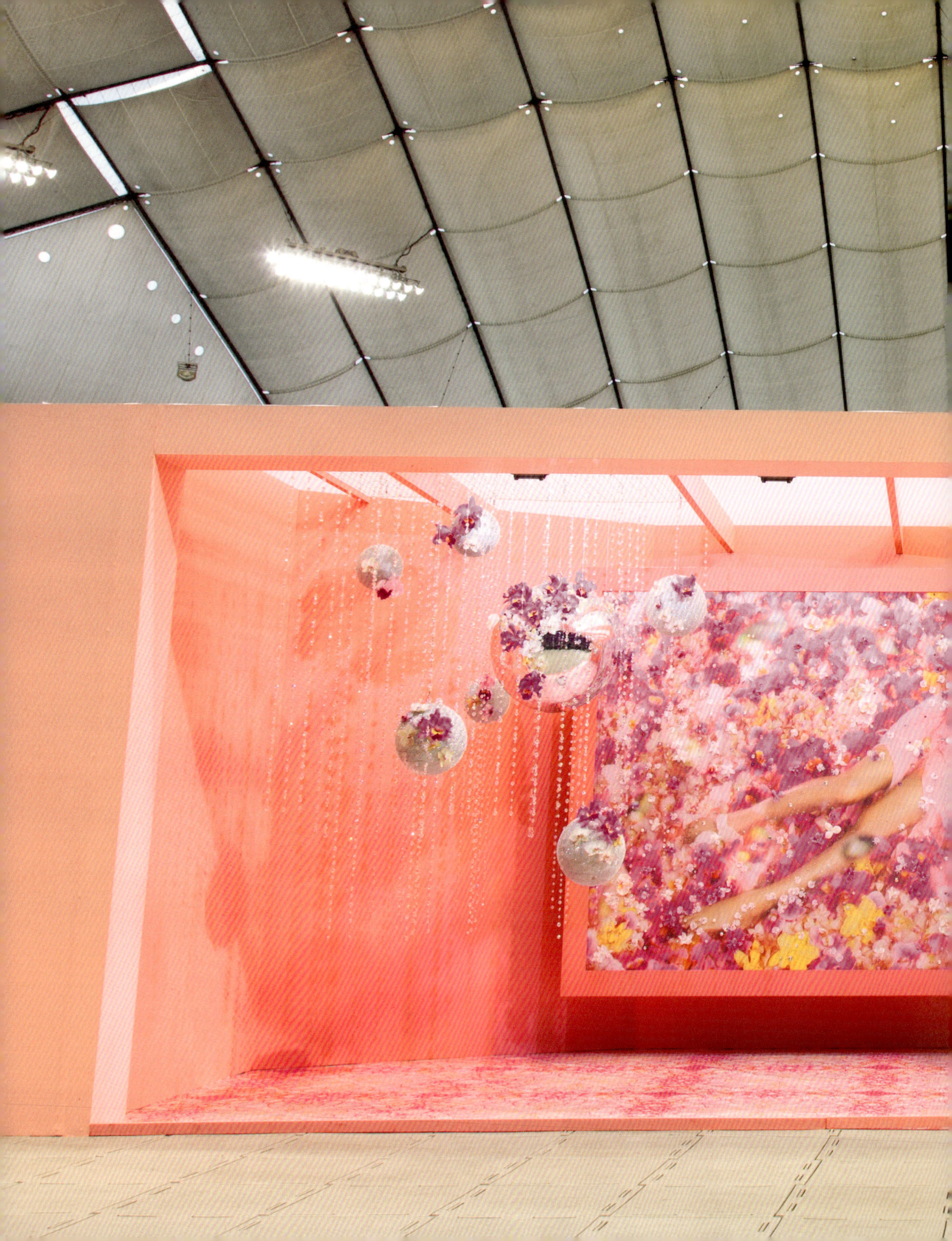

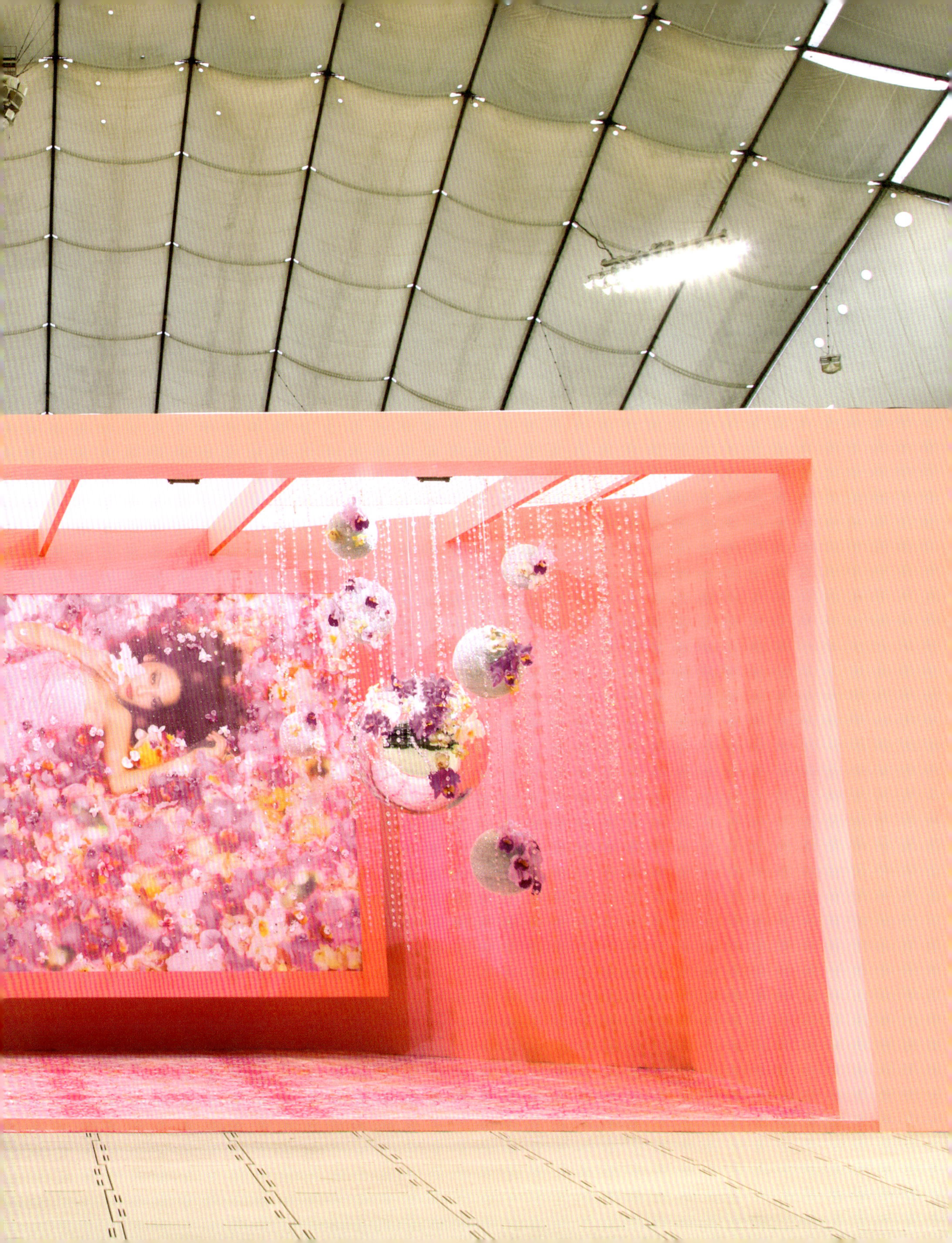

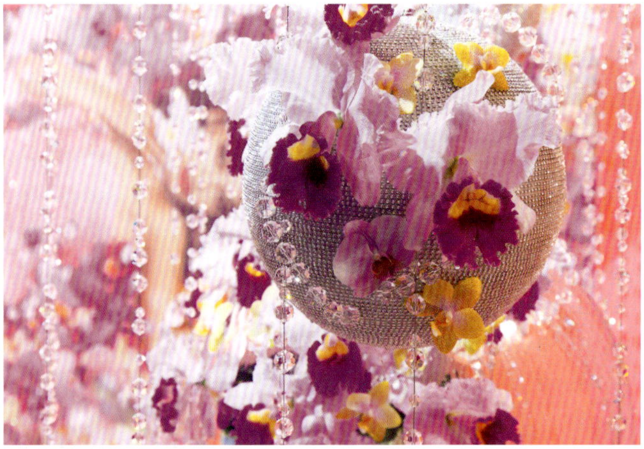

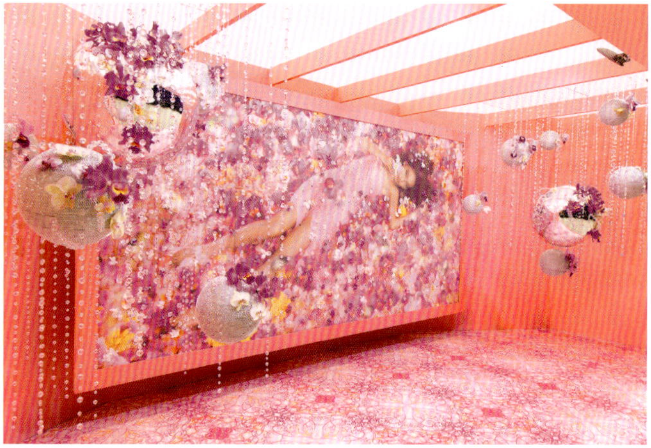

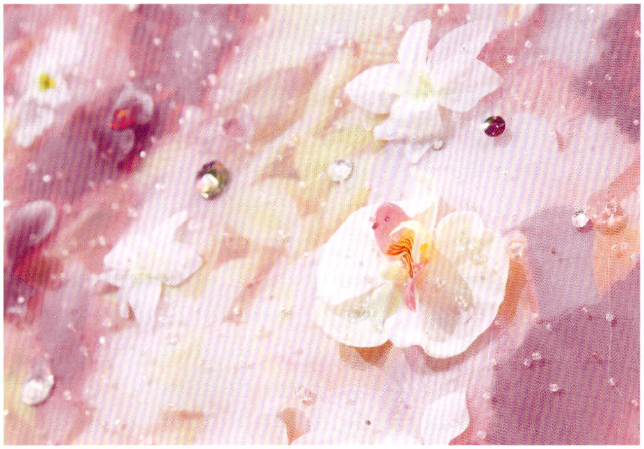

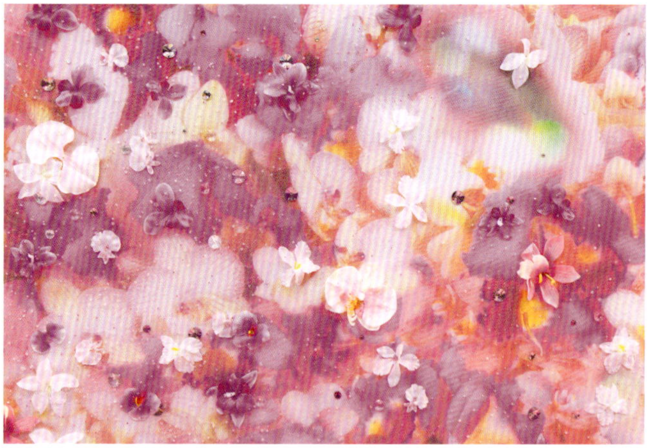

P60-63
世界らん展日本大賞2014 展示作品
美女採集 × 蘭

伝統ある「世界らん展日本大賞」に4m幅の大作を
出展。美女と蘭、生きている花と生きていない花と
いう独特の掛け合わせで描いた新しい花の世界。
CL：世界らん展日本大賞実行委員会 / M：大政 絢 /
P：Kaz ARAHAMA（D-CORD）/ H&M：奥平正芳
（CUBE）/ ST, AD, AW：清川あさみ / フラワーデ
ザイン協力：谷口敦史（jardin du l'Ilony）/ 2014 年
サイズ：H180cm×W400cm

63

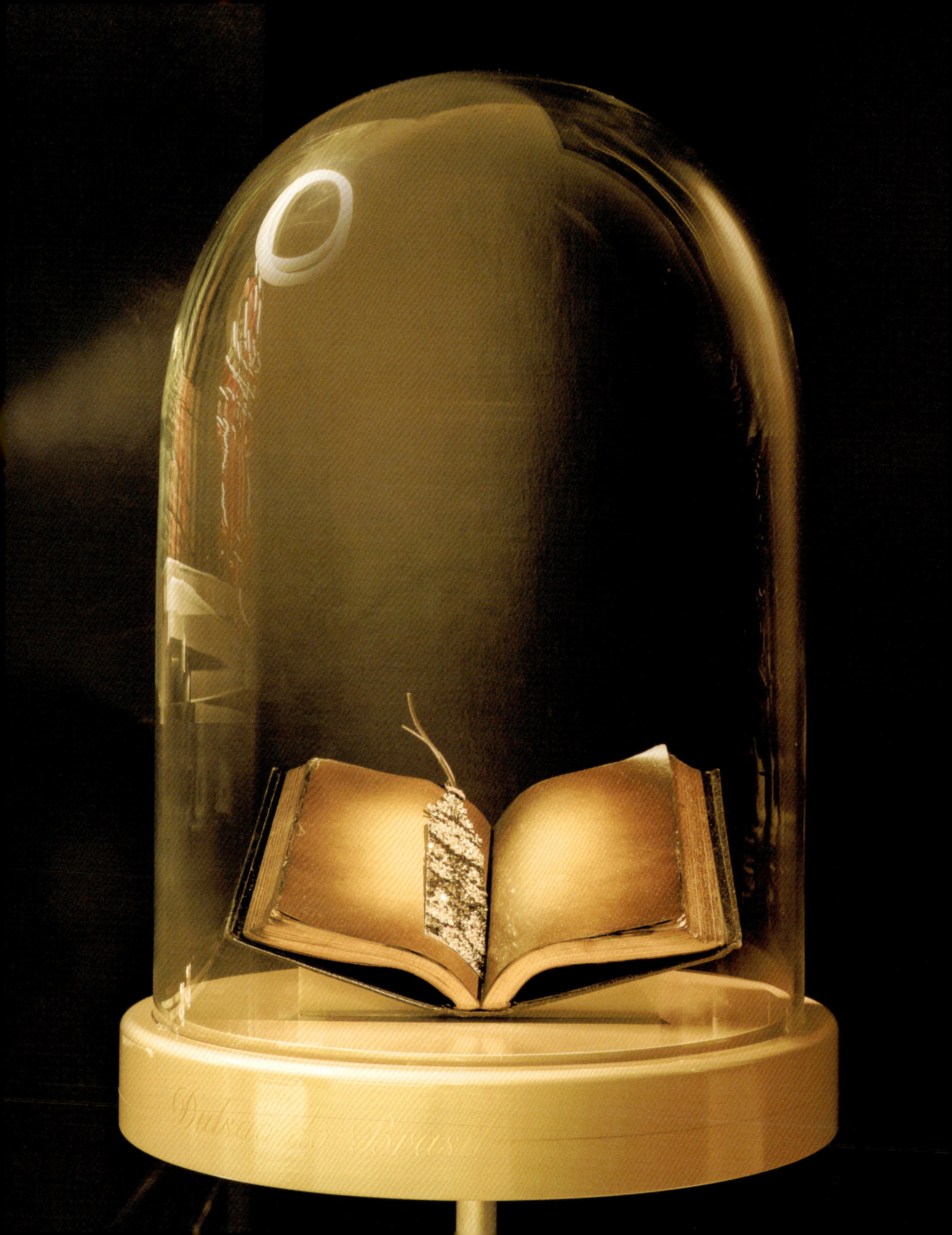
Dulsão do Bras

Roma

Ristretto

Decaffeinato   *World of red*

Garden

Decaffeinato Intenso

Tree of Biscuit

Arpeggio

69

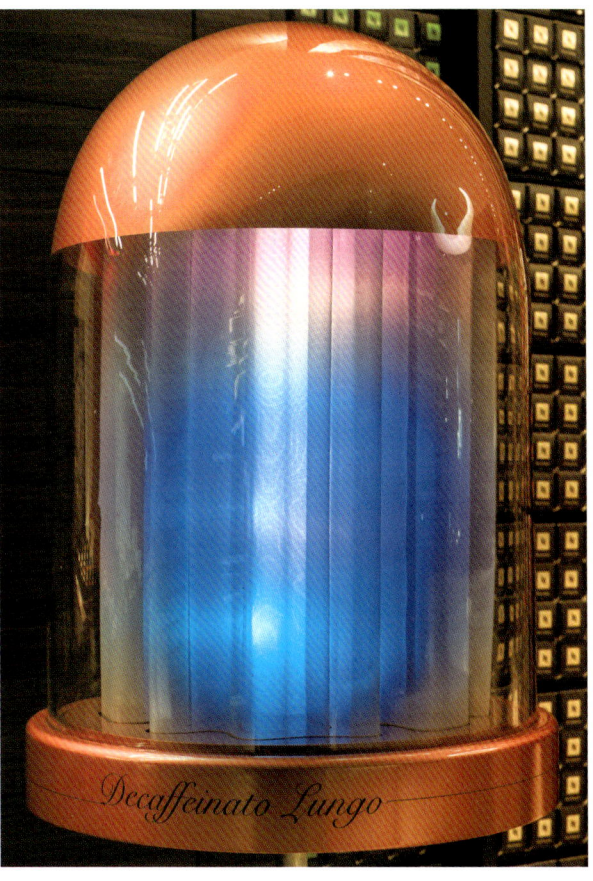

P64
「Track」ローストの軌跡の集積。

P66
「Black Horse」芳香さと力強さを兼ね備えた漆黒の馬。

P68 上左
「Garden」朝日を浴び咲き誇る花たち。

P68 下左
「Tree of Biscuit」豊かで、香ばしいビスケットの実。

P65
「Roma」ウッディーな香りのする街に旅する。

P67
「World of Red」華を纏う美女。

P68 上右
「Fairy's Bean」軽やかな豆の妖精。

P68 下右
「Dwarf of Work」長い時間挽かれ、奏でる豆の音色。

P69 上左
「Sweet Tower」カラメル色にとろけるシュガー。

P69 下左
「Aurora」なめらかに重なりあう幻想的な世界。

P70 左
「No control」幾重にも重なり光を放つ蝶たち。

P71 左
「Alice's Tea Party」アリスの楽しい不思議なお茶会。

P69 上右
「Caprice」気まぐれなお姫さま。

P69 下右
「Fantastic」彩り豊かな花の万華鏡。

P70 右
「Moment」突き抜けるスパイシーな香りのつらら。

P71 右
「Boat of Lemon」レモンに香るカリブの海賊船。

P64-71
ネスプレッソ グラン・クリュ
16の不思議な世界 by Asami Kiyokawa

日本旗艦店となる東京初の路面店「ネスプレッソブティック 表参道店」をオープンするにあたり、ネスプレッソとのコラボレーションによるオープニングエキシビジョンを展開。ネスプレッソのカプセルコーヒー"グラン・クリュ"16種類からインスピレーションを受けて制作した立体造形物。
CL：ネスレネスプレッソ / AD：電通 / D, AW：清川あさみ / 2013年

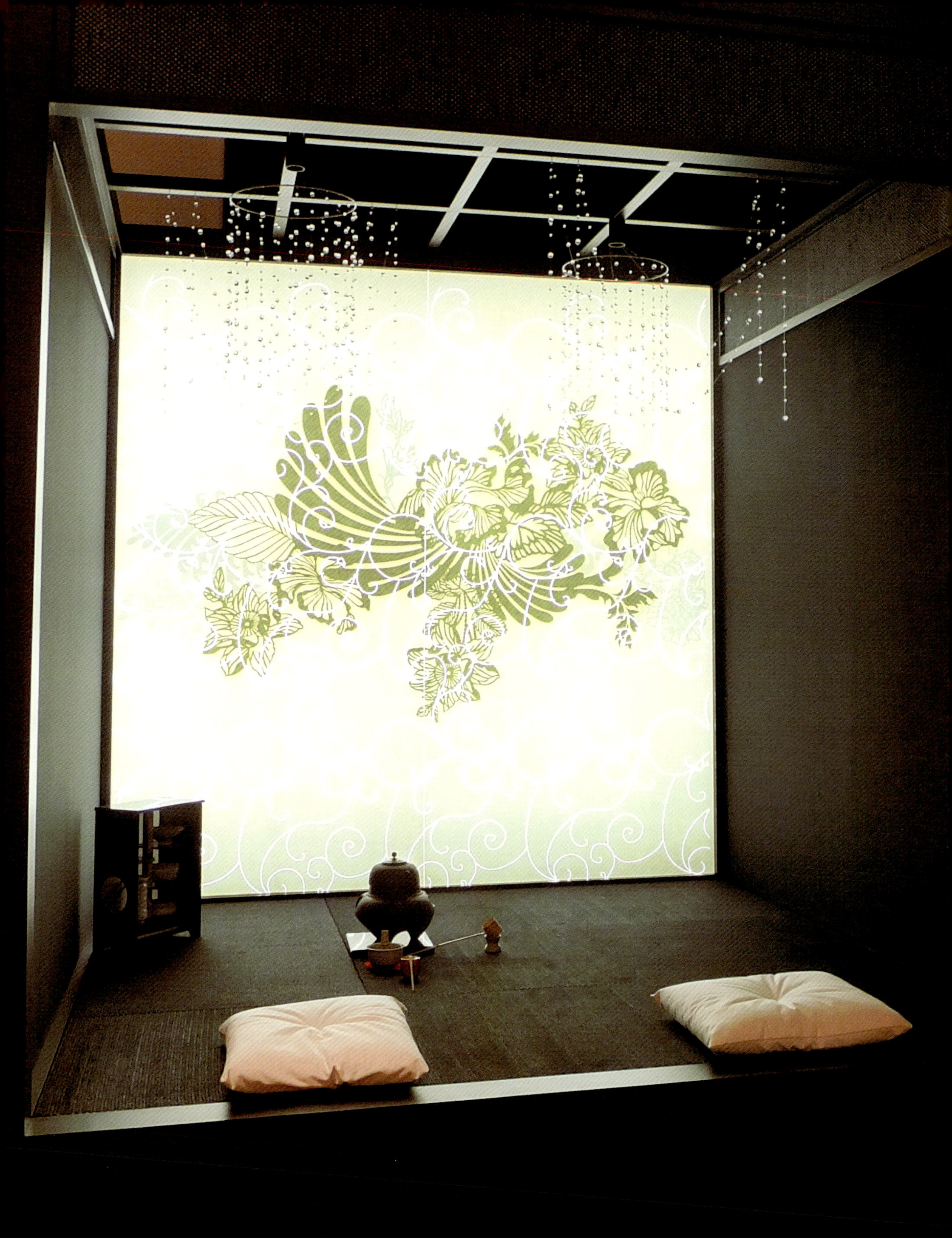

東レ「ウルトラスエード®」茶室

ウルトラスエード®(人工皮革)を使った、東レの最新技術と清川のアートが融合し、今まで見たことのないモノトーンの斬新な「茶室」が完成。クールジャパンをテーマに、皆が楽しめるような"おもてなし"を意識した。壁には光るしかけが施されている。ミラノサローネ(2014年4月)でも発表。P72は完成版、P73上段は壁面デザイン、下段はラフ画。
CL：東レ / D, AW：清川あさみ / 2013年

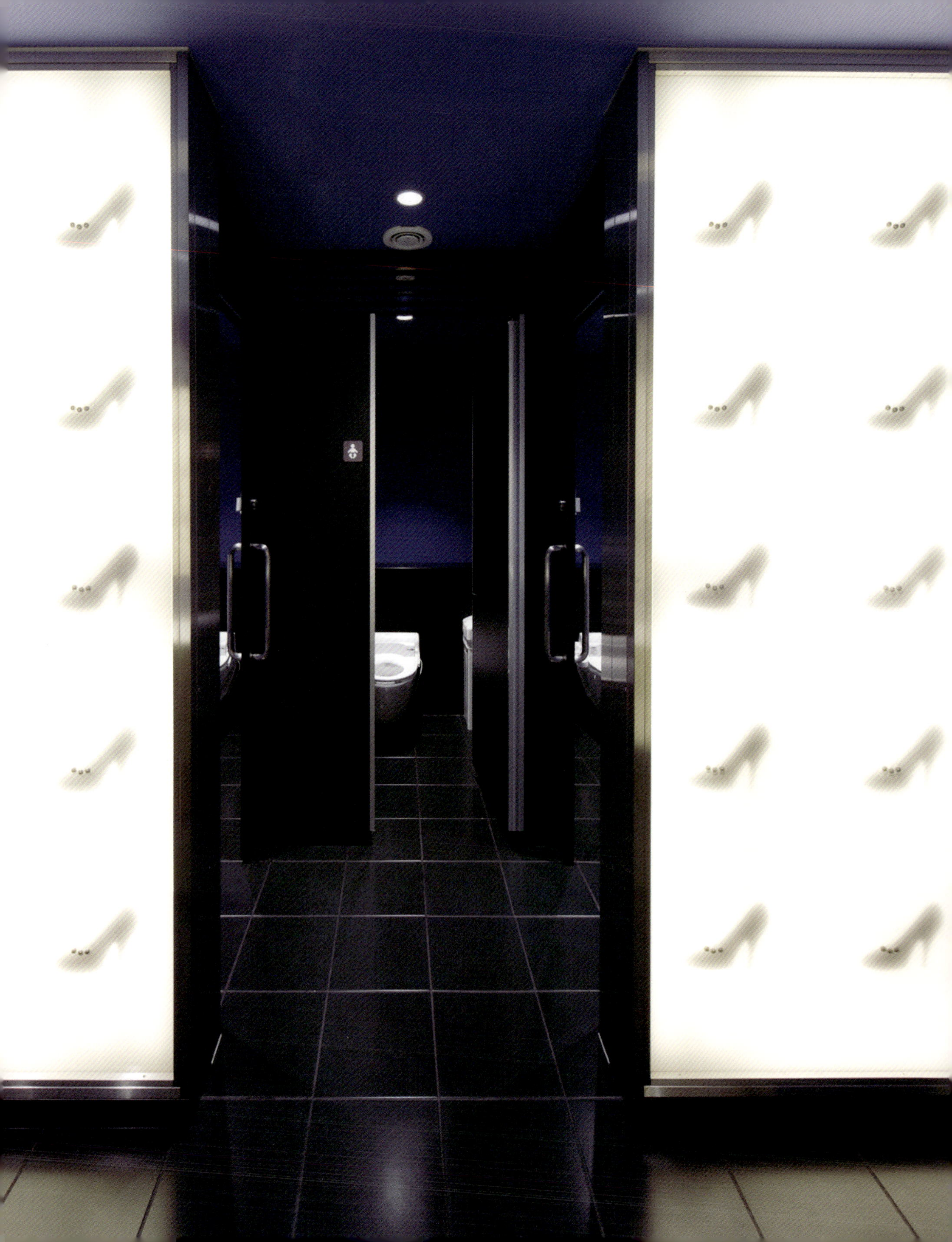

札幌 PARCO パウダールーム
「Lip Room」

「女性が必ず立寄りたくなる理想的なトイレ」をデザイン。何度もディスカッションを重ねた新パウダールームのコンセプトは、女性のあこがれである「お姫さま」。札幌 PARCO 2階は「シンデレラ」をデザインテーマに、洗練されたトイレルームをつくり上げた。光る壁には沢山のガラスの靴、床にはカボチャをイメージしたオリジナルチェアを配置。
CL, 提供：パルコ / P：ナカサ＆パートナーズ / 空間デザイン：清川あさみ / 2013 年

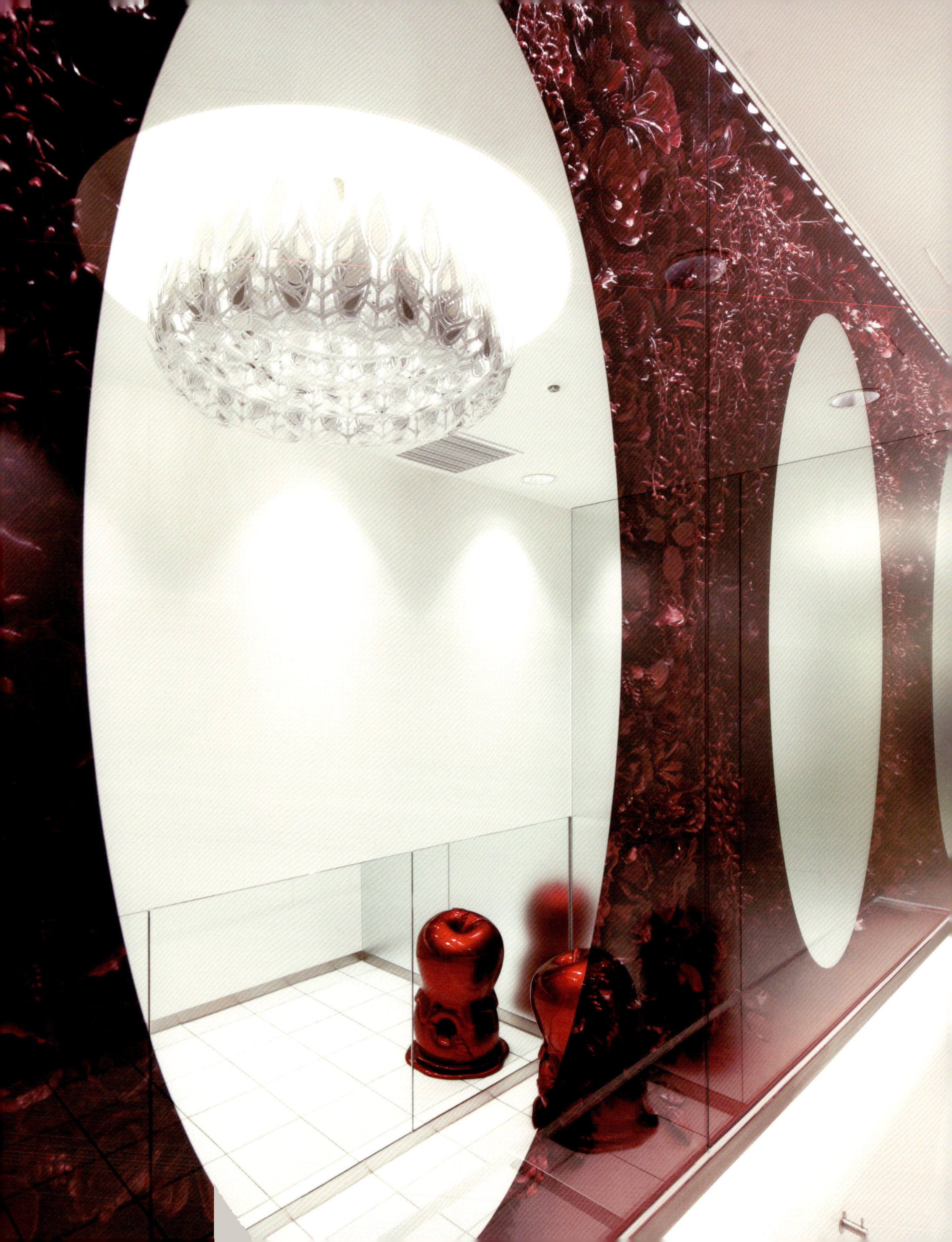

池袋PARCO パウダールーム
「Lip Room」

デザインテーマは「白雪姫」。白を基調とした空間に、物語のはじまりを感じさせる「りんご＝赤いディスプレイミラー」を配置し、世界観を表現。
CL, 提供：パルコ ／ P：ナカサ＆パートナーズ ／ 空間デザイン：清川あさみ ／ 2013年

77

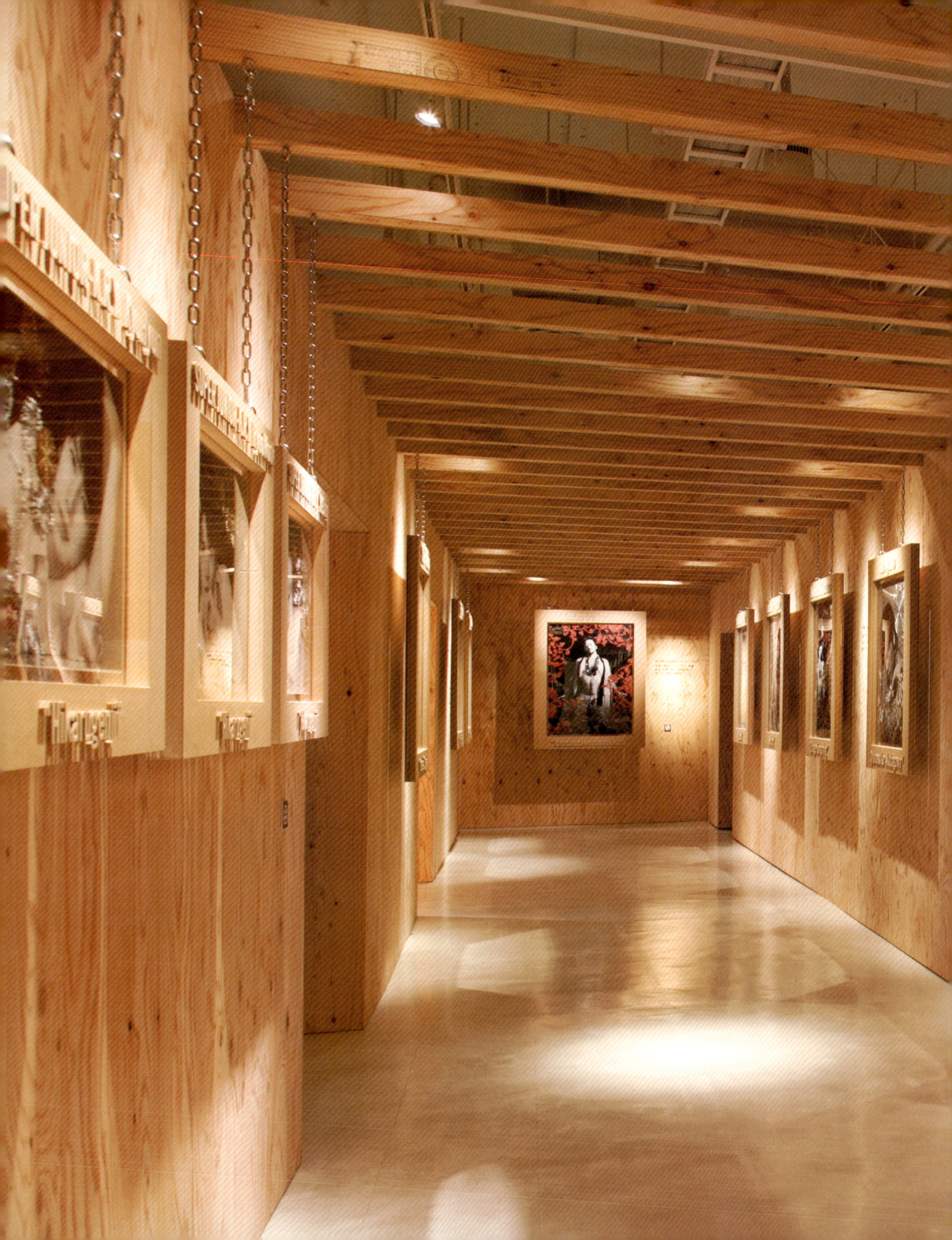

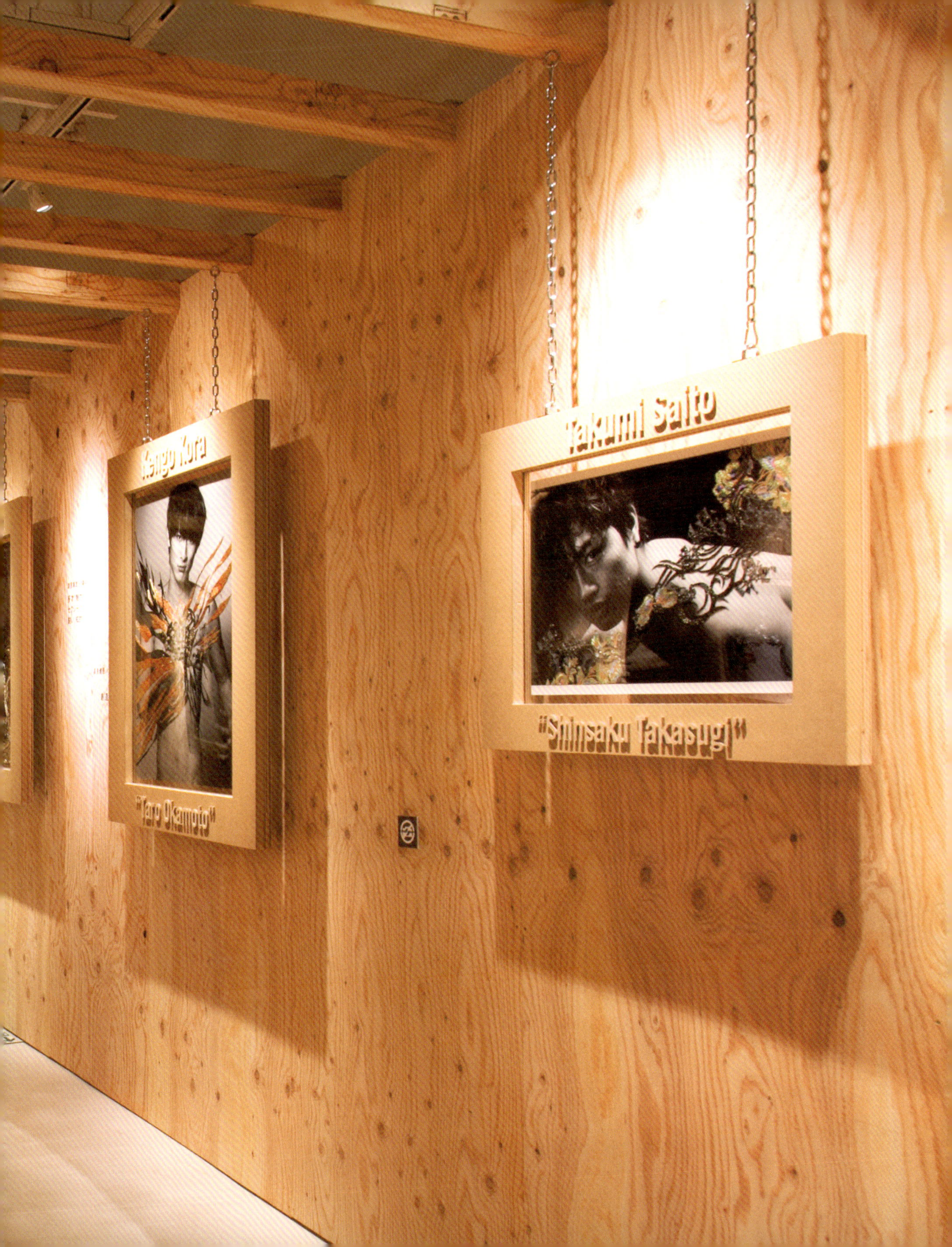
Kengo Kora
"Taro Okamoto"
Takumi Saito
"Shinsaku Takasugi"

EXILE KEIJI × 陸遜
理論からはみ出ることをしない
真面目

EXILE TAKAHIRO × 太陽神ヘリオス
リーダー
野心、癒し
感受性が強い

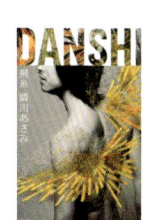

P78-81
渋谷PARCO パルコミュージアム「男糸 DANSHI」展

初の男性を被写体とした作品シリーズ〈男糸 DANSHI〉の展覧会（P36-41参照）。清川が注目する男性の内面にスポットをあて、その人の過去の経験や学び、愛や孤独といったエネルギー、そのオーラをモノクロ写真と無心で縫う刺繍の組み合わせで表現。被写体を歴史上の人物や、著名人、神話の登場人物にたとえて作品を制作した。さまざまなジャンルの男性、総勢約30名の作品を収録。
P：永野雅子 / 主催：パルコ / 協力：講談社 / 企画制作：パルコ、ASAMI、RCKT/Rocket Company* / グラフィックデザイン，会場構成：古平正義 / 会場構成：SMILE VEHICLE / 2013 年

81

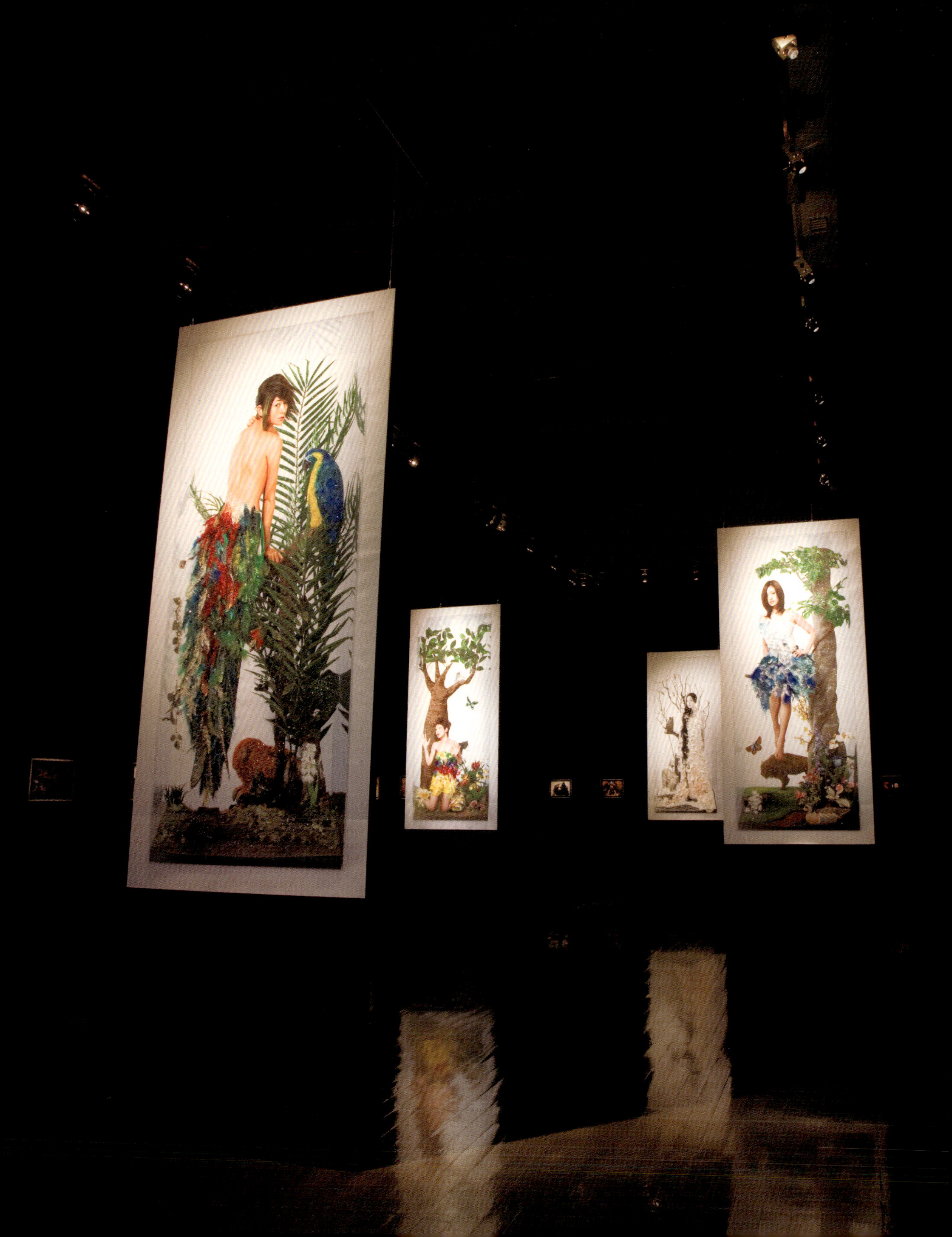

P82-87
水戸芸術館現代美術ギャラリー「清川あさみ 美女採集」展

美女を写真で"採集"し、その美女のイメージに合わせた動植物を装飾や刺繍・CGで表現したシリーズ〈美女採集〉を中心に、刺繍を施した造花を小さな庭のように活けた〈Dream Time〉、女性のさまざまなコンプレックスを美しく表現した〈Complex〉シリーズを展示したきらめきの空間。〈絶滅危惧種〉シリーズやこの展覧会のための新作も並べられ、写真と糸が重なり合うように作品が階層を重ね構成された。

出典：公式図録兼書籍『COLLECTING 清川あさみドキュメンタリー』(求龍堂)
P：永野雅子 / 主催：財団法人水戸市芸術振興財団 / 助成：財団法人アサヒビール芸術文化財団 / 協力：アサヒビール、沖データ、スワロフスキー・ジャパン スワロフスキー・エレメント事業部 / 企画：浅井俊裕(水戸芸術館現代美術センター芸術監督) / 2011年

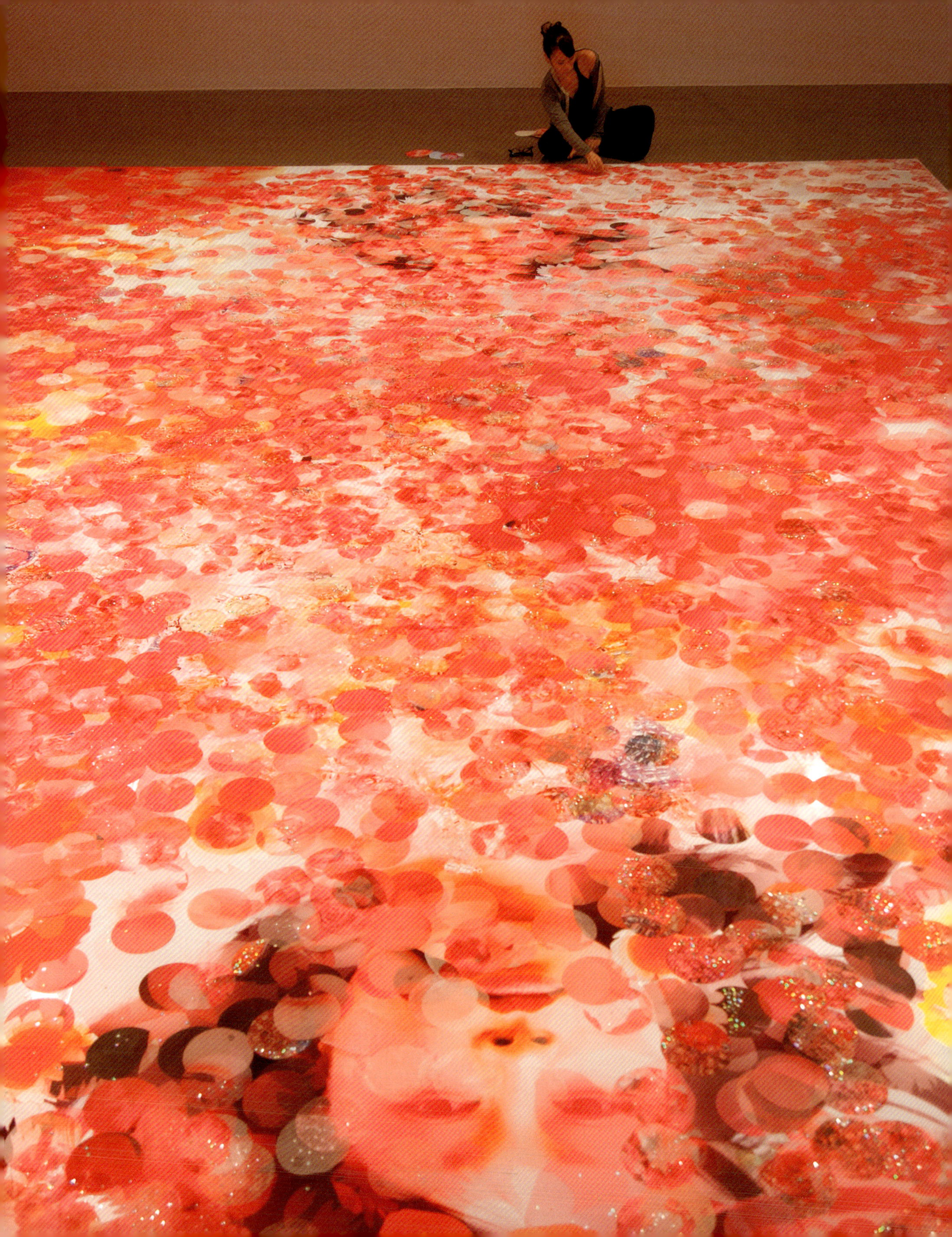

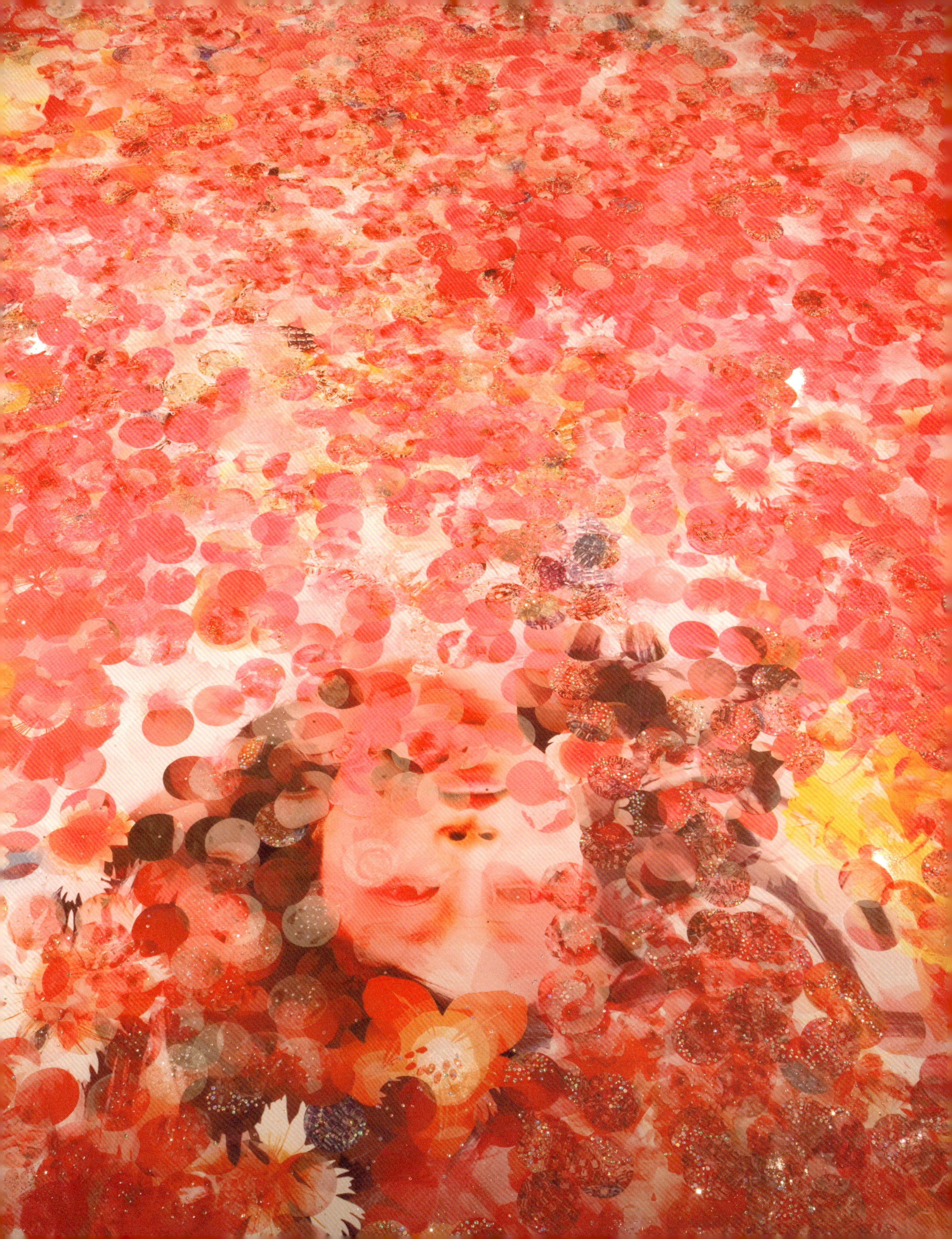

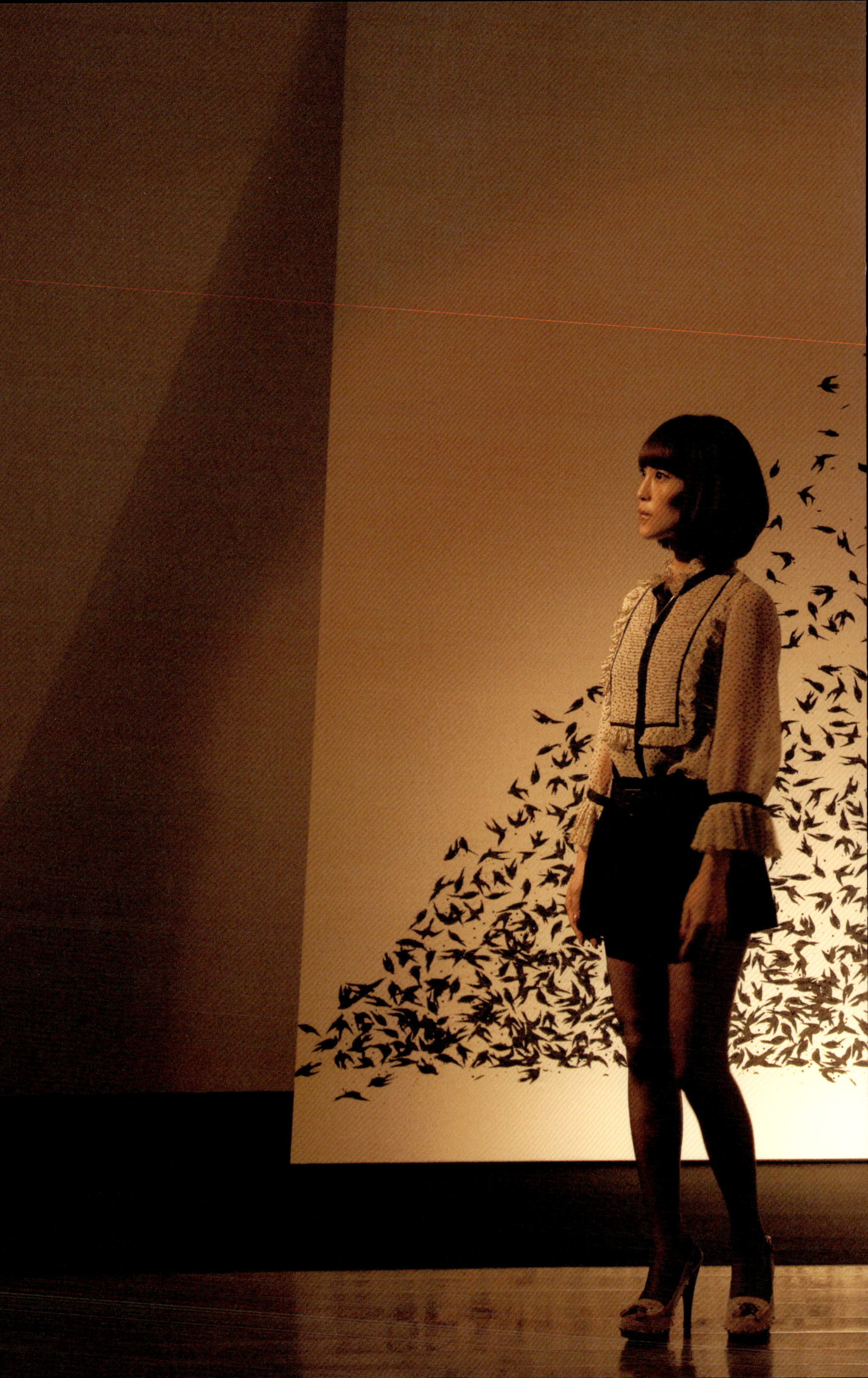

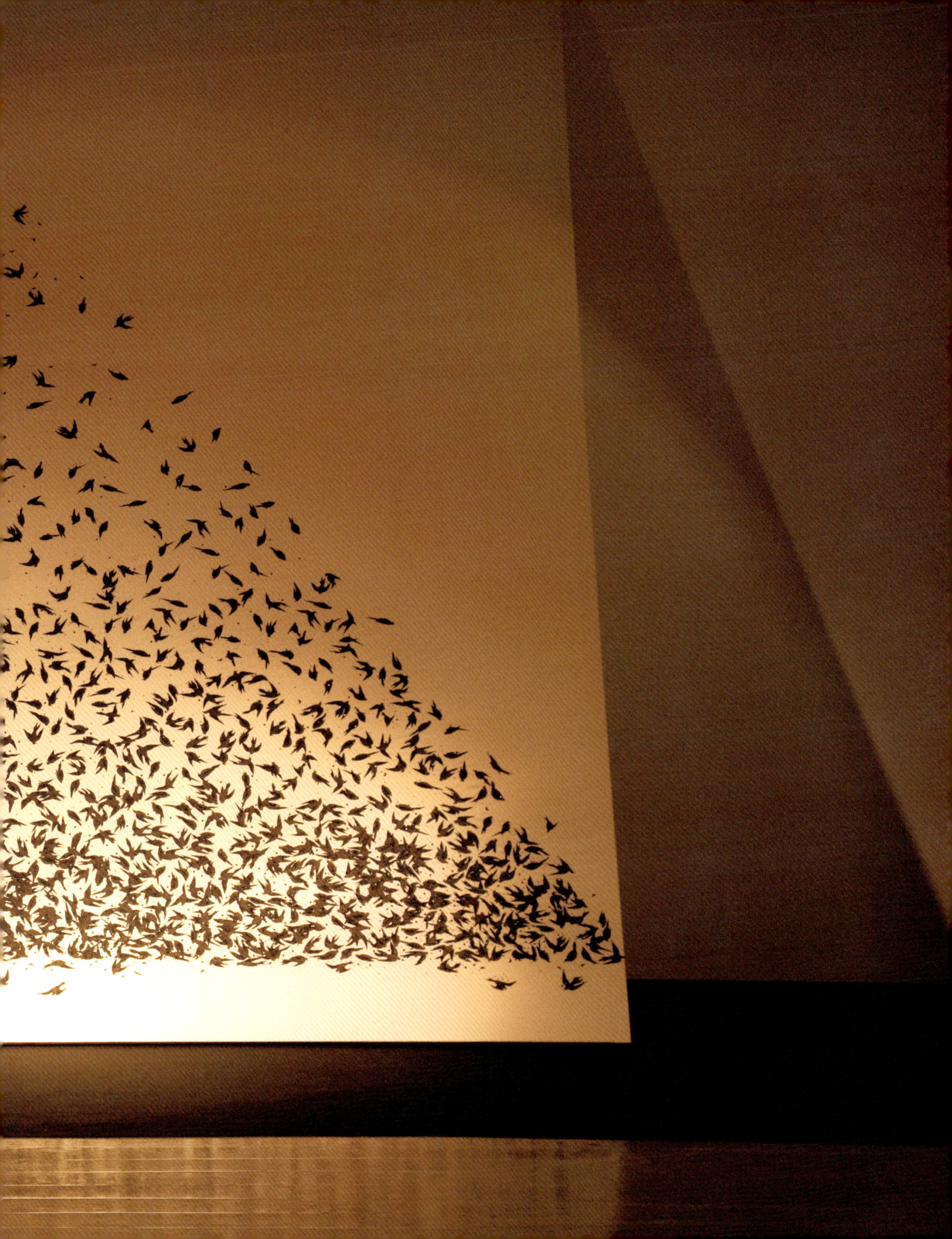

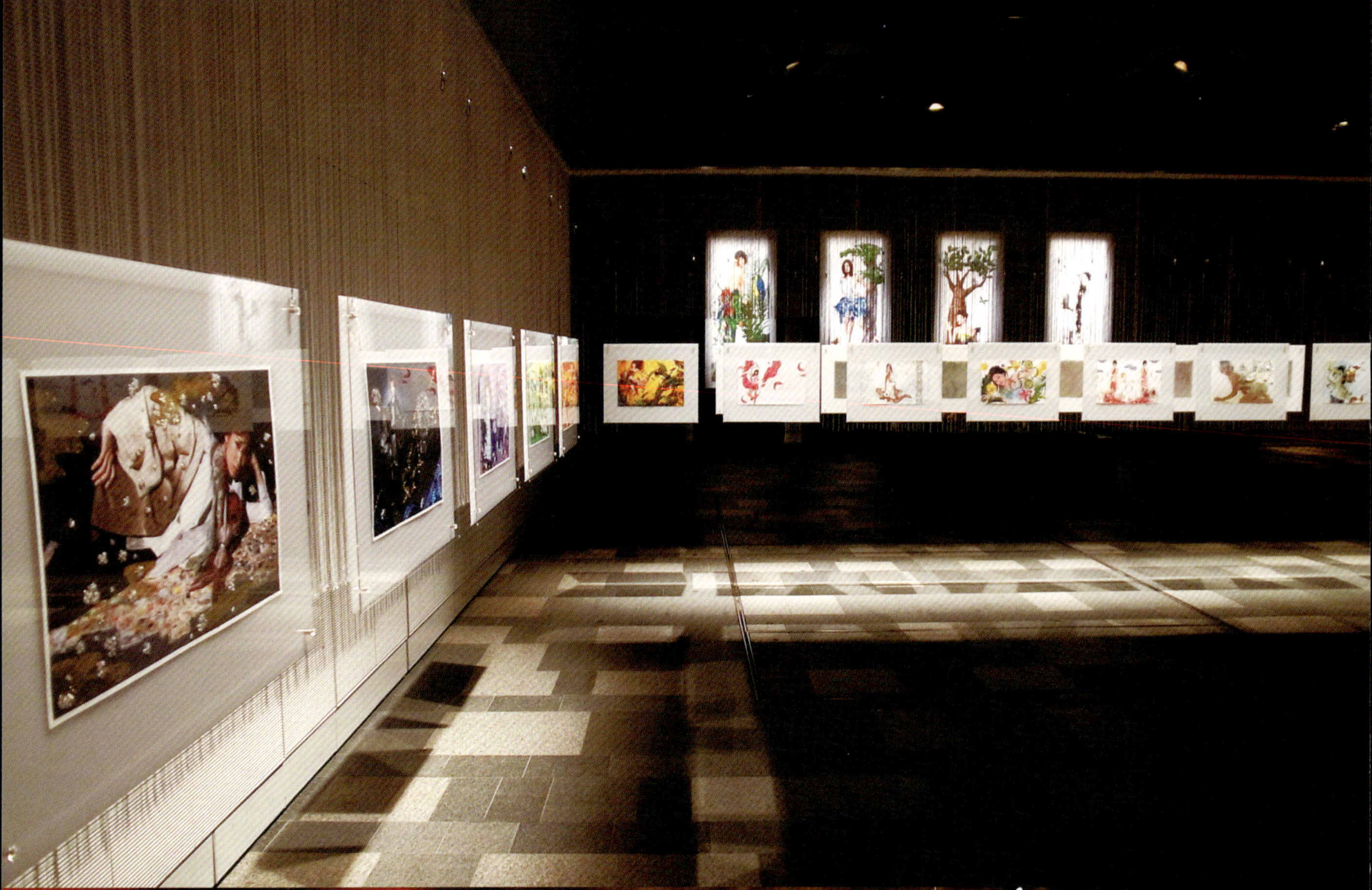

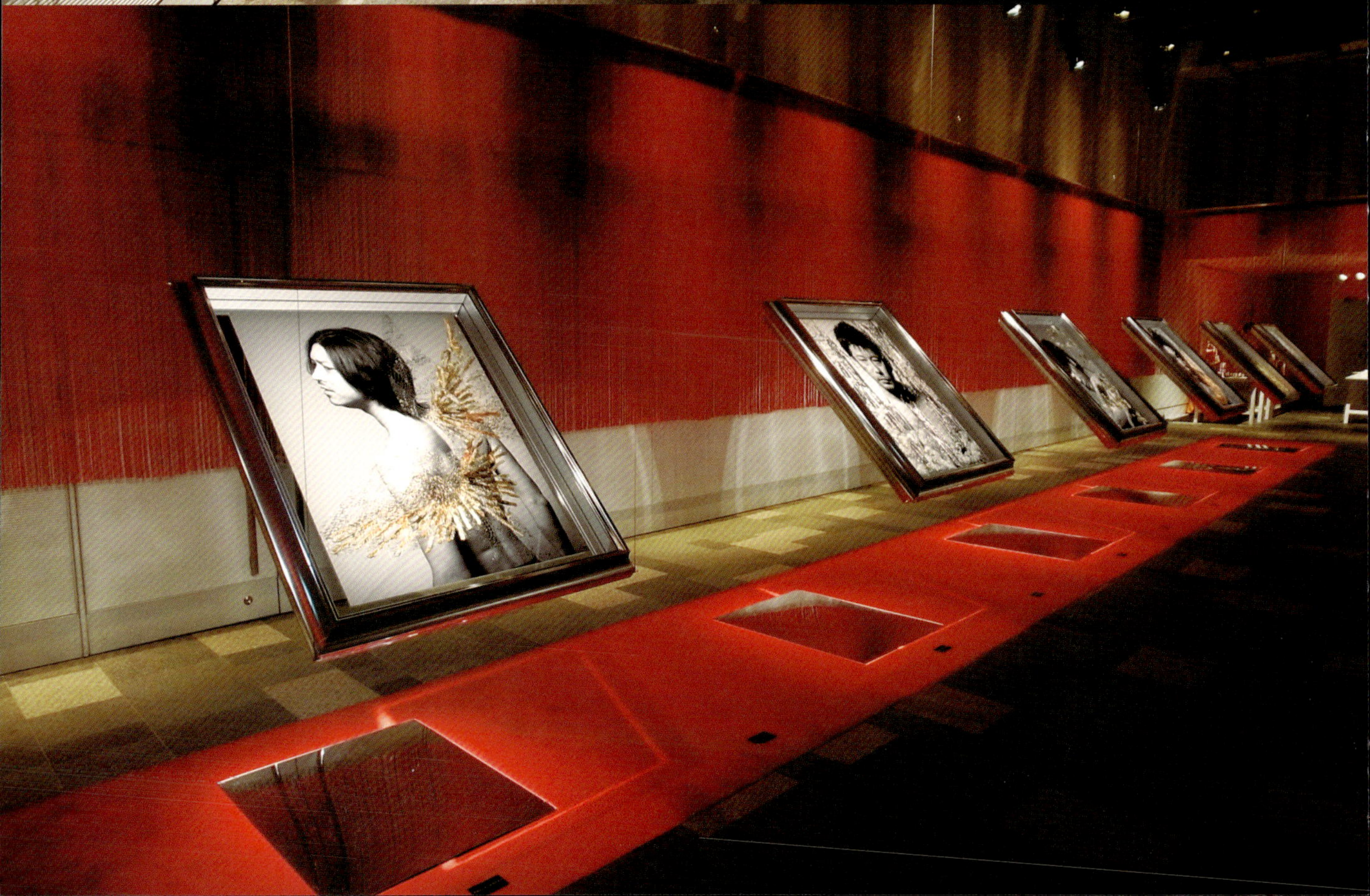

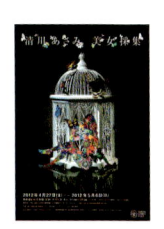

P88-89
表参道ヒルズ「清川あさみ 美女採集」展

日本を代表する女優やアーティストを被写体にした清川の代表作品〈美女採集〉シリーズの東京初進出となる作品展。この作品展のために手がけた、自身初となる男性を被写体とした新シリーズ〈男糸 DANSHI〉など約100作品を展示。
P：提山 覚（SMILE VEHICLE）／ 主催：森ビル（表参道ヒルズ）／ 特別協賛：ハーゲンダッツ ジャパン ／ 会場構成：SMILE VEHICLE ／ 2012年

清川 あさみ
美女採集
Bijo Saishu
Asami Kiyokawa

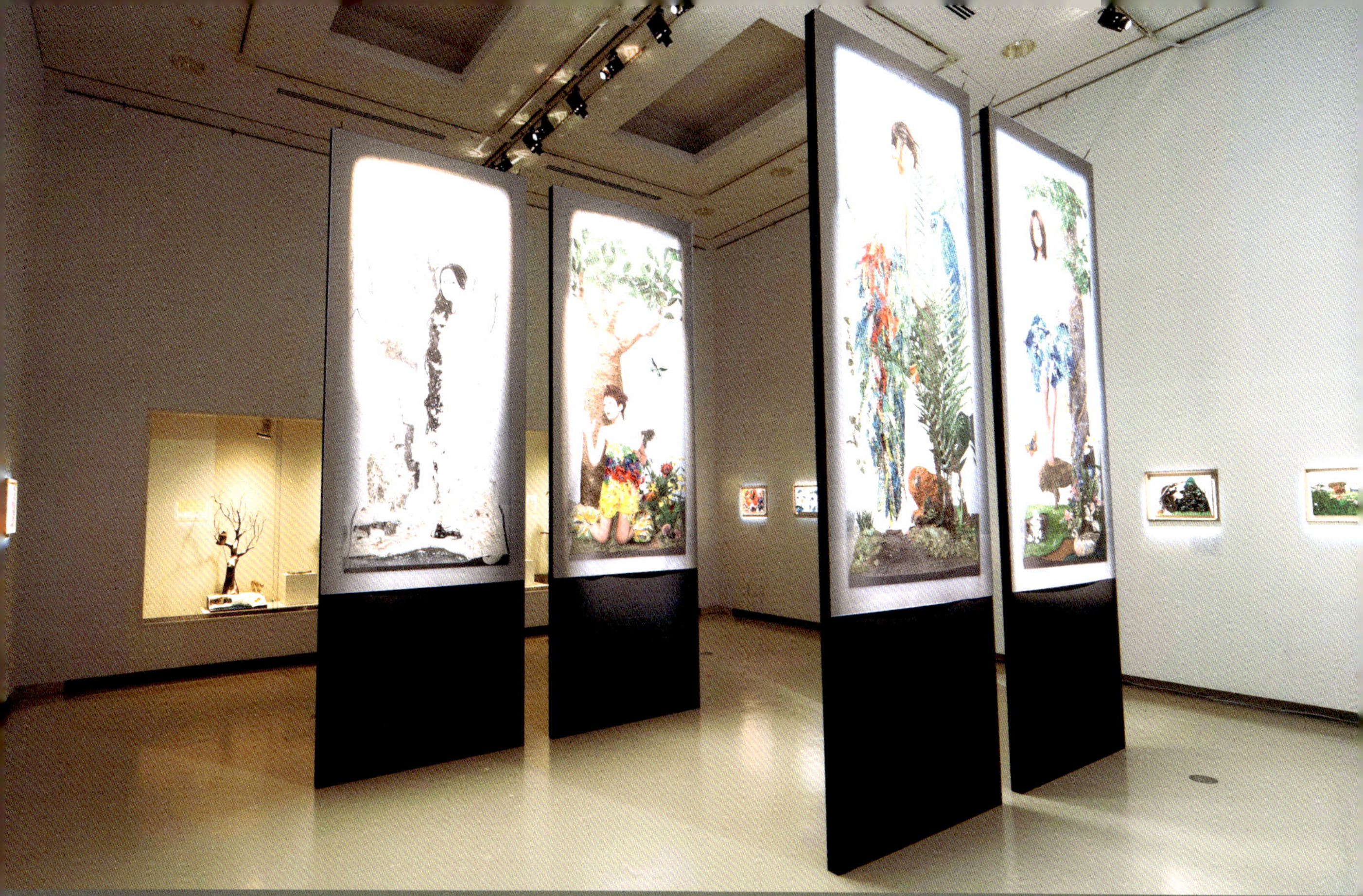

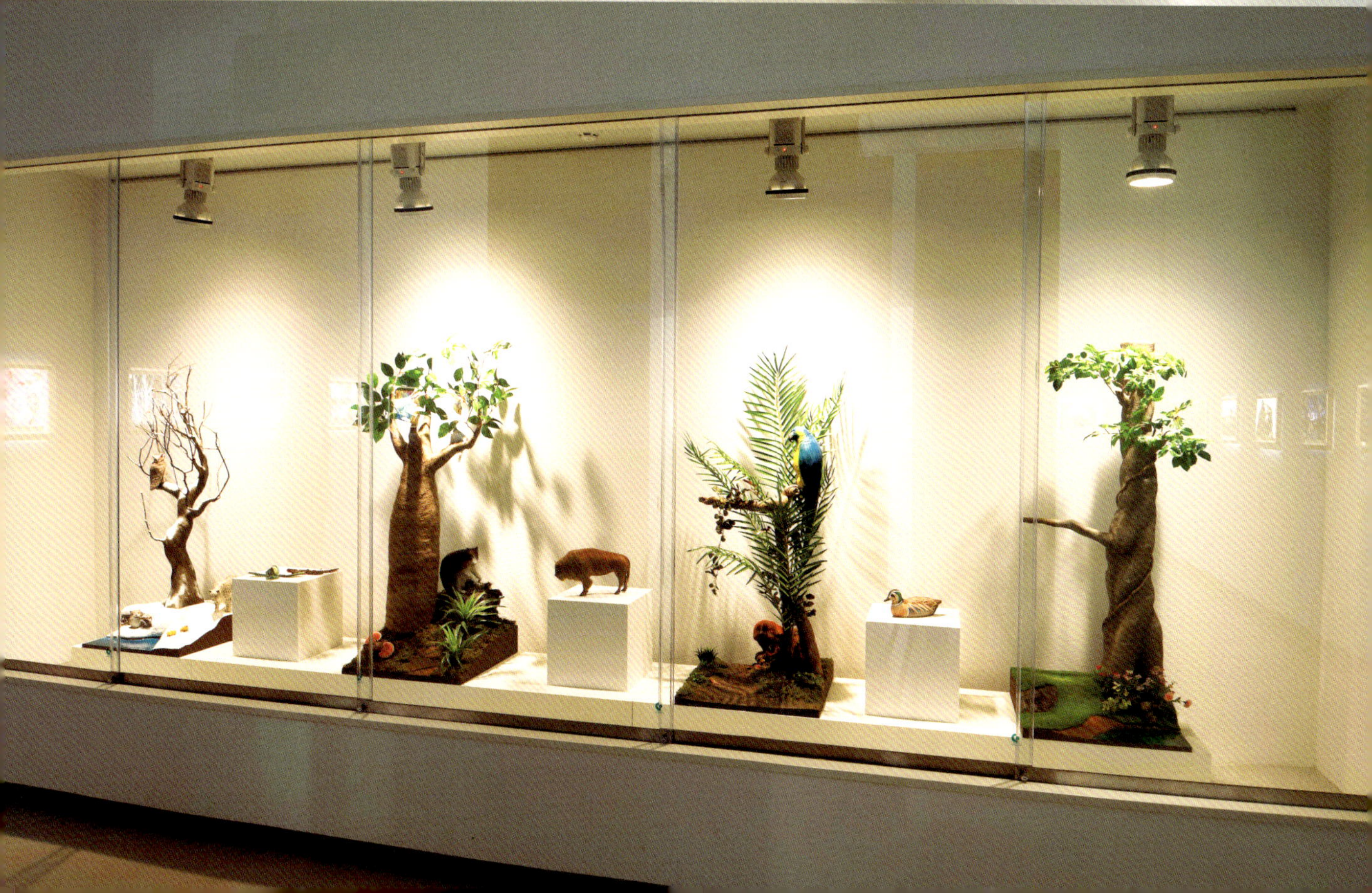

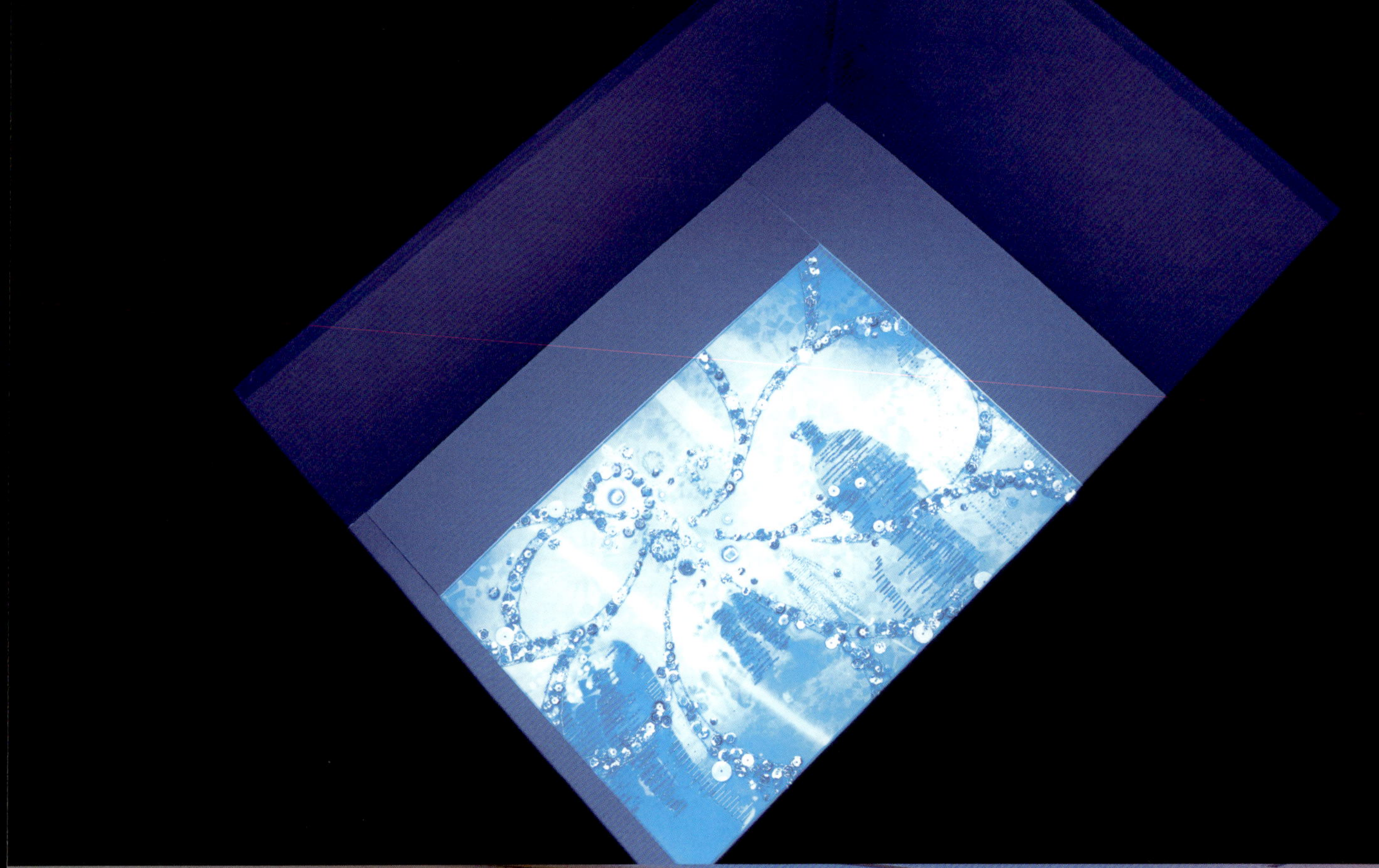
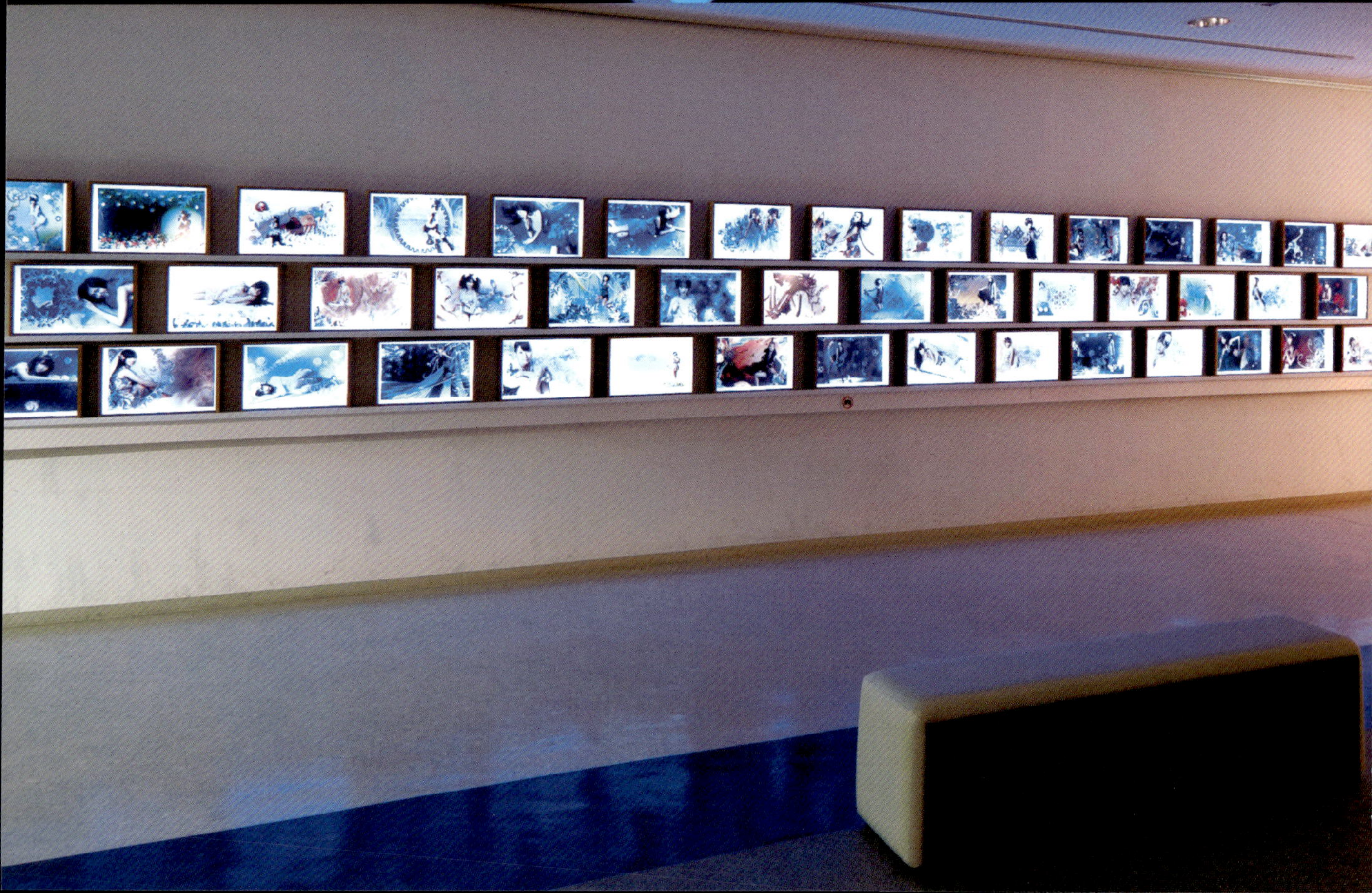

P90-93
みやざきアートセンター「清川あさみ 美女採集」展

水戸芸術館、表参道ヒルズで開催してきた「美女採集」展がついに九州に進出。みやざきアートセンター開館3周年の記念特別企画展として開催。これまでに手がけた絵本の原画や〈美女採集〉〈男糸 DANSHI〉シリーズなど清川ワールドの全貌を公開。
主催：みやざきアートセンター、宮崎日日新聞社、ＭＲＴ宮崎放送 / 協賛：宮崎市 / 会場構成：みやざきアートセンター、石井一十三 / 2012年

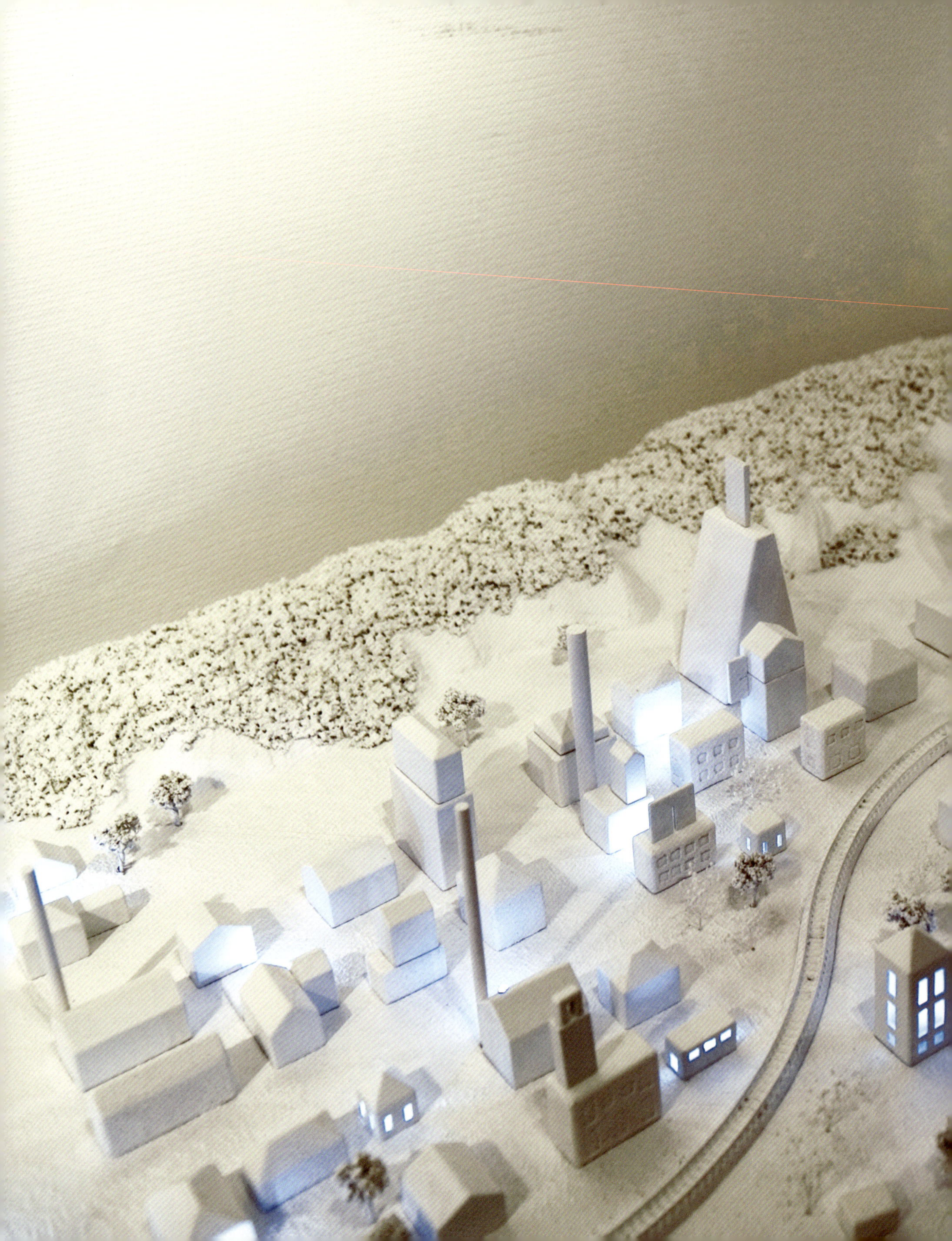

©SEIBU SHIBUYA 2012

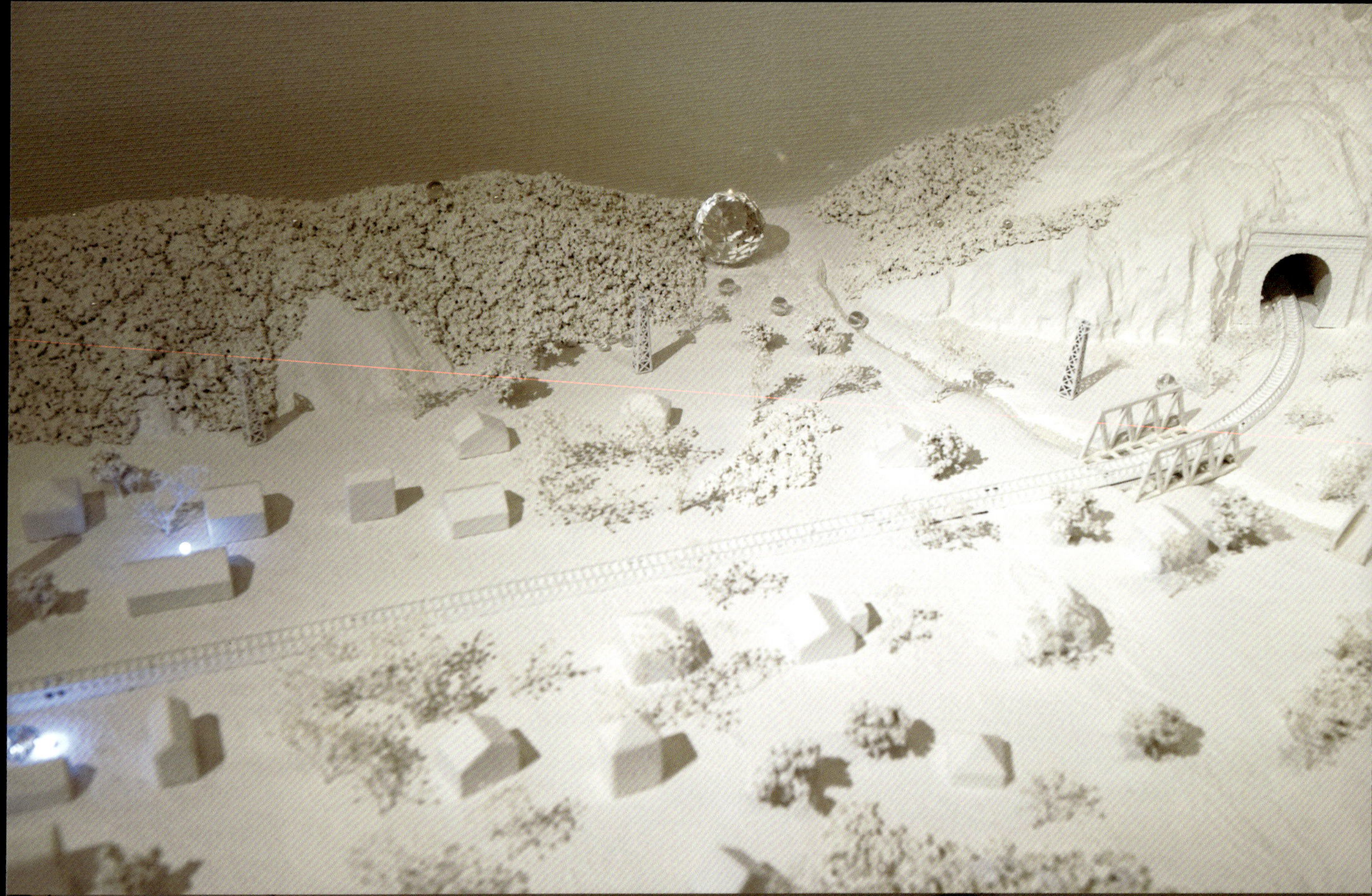
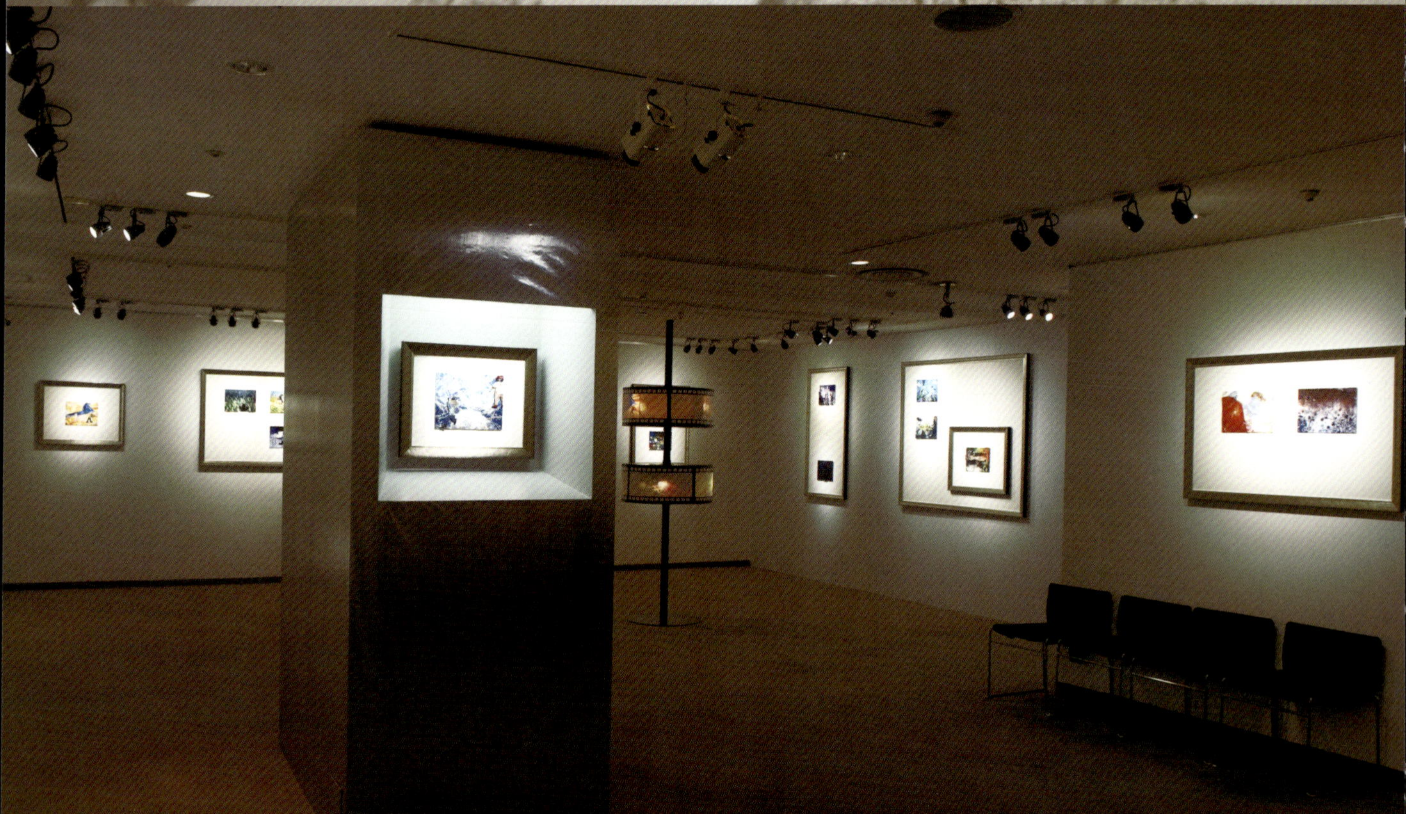

P94-97
西武渋谷店
清川あさみ展 Another World ～宮沢賢治「グスコーブドリの伝記」～

この年全国ロードショーとなったアニメーション映画「グスコーブドリの伝記」(杉井ギサブロー監督)に合わせた展示。杉井監督による伝説的アニメーション映画「銀河鉄道の夜」(1985年)のファンだったという清川は、本展示のために映画の主人公である猫のブドリが、イーハトーブの風景にたたずむオリジナル作品〈budori〉を特別に制作。
©SEIBU SHIBUYA 2012
主催：西武渋谷店 / 協力：リトルモア＆ワーナー・ブラザーズ映画 / グラフィック＆スペースデザイン：中島デザイン / 企画, 制作：エフ・プロジェクト / 2012年

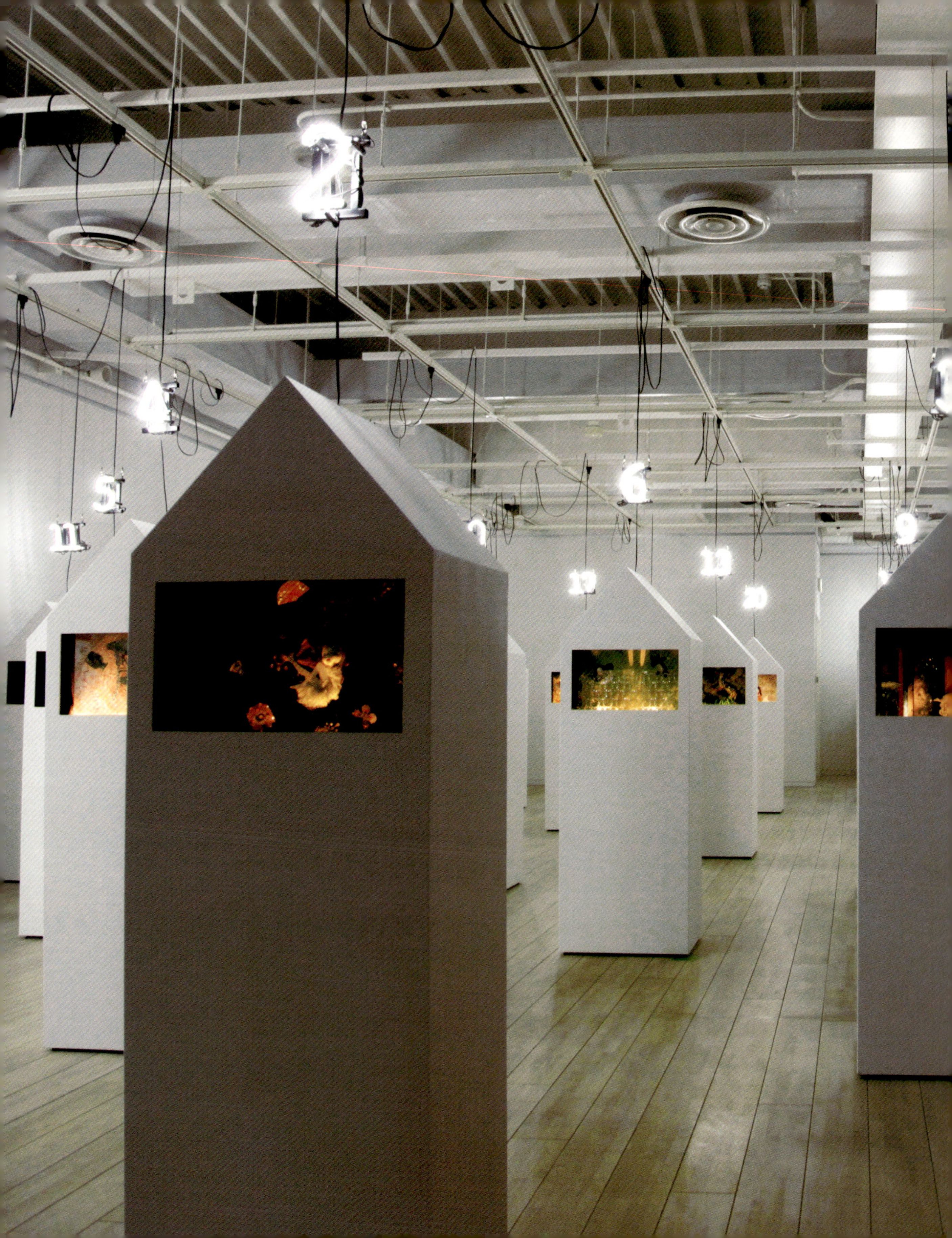
2
4
5
11
6
9
20

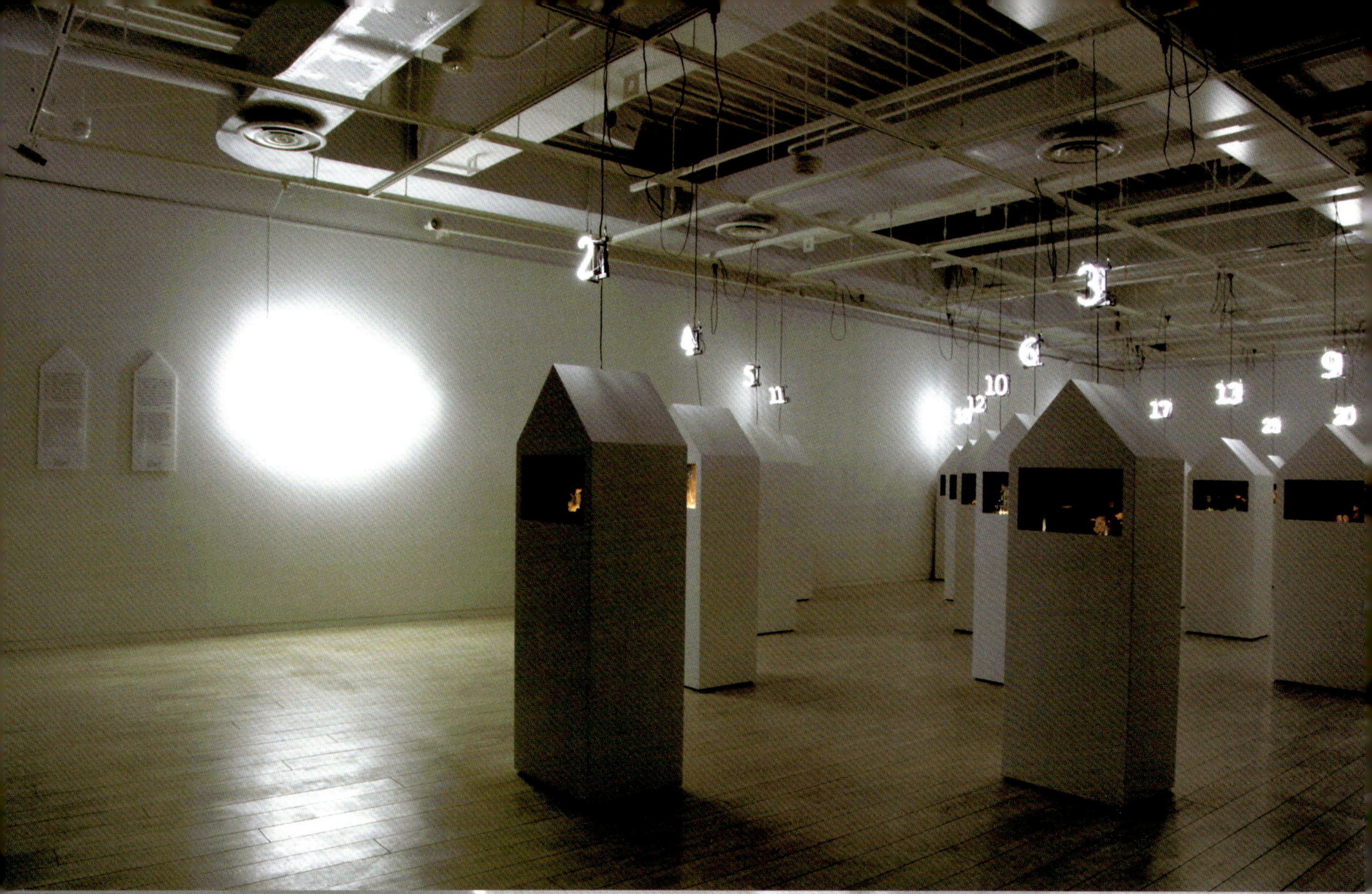
2
3
4
5
6
9
10
11
12
13
17
20
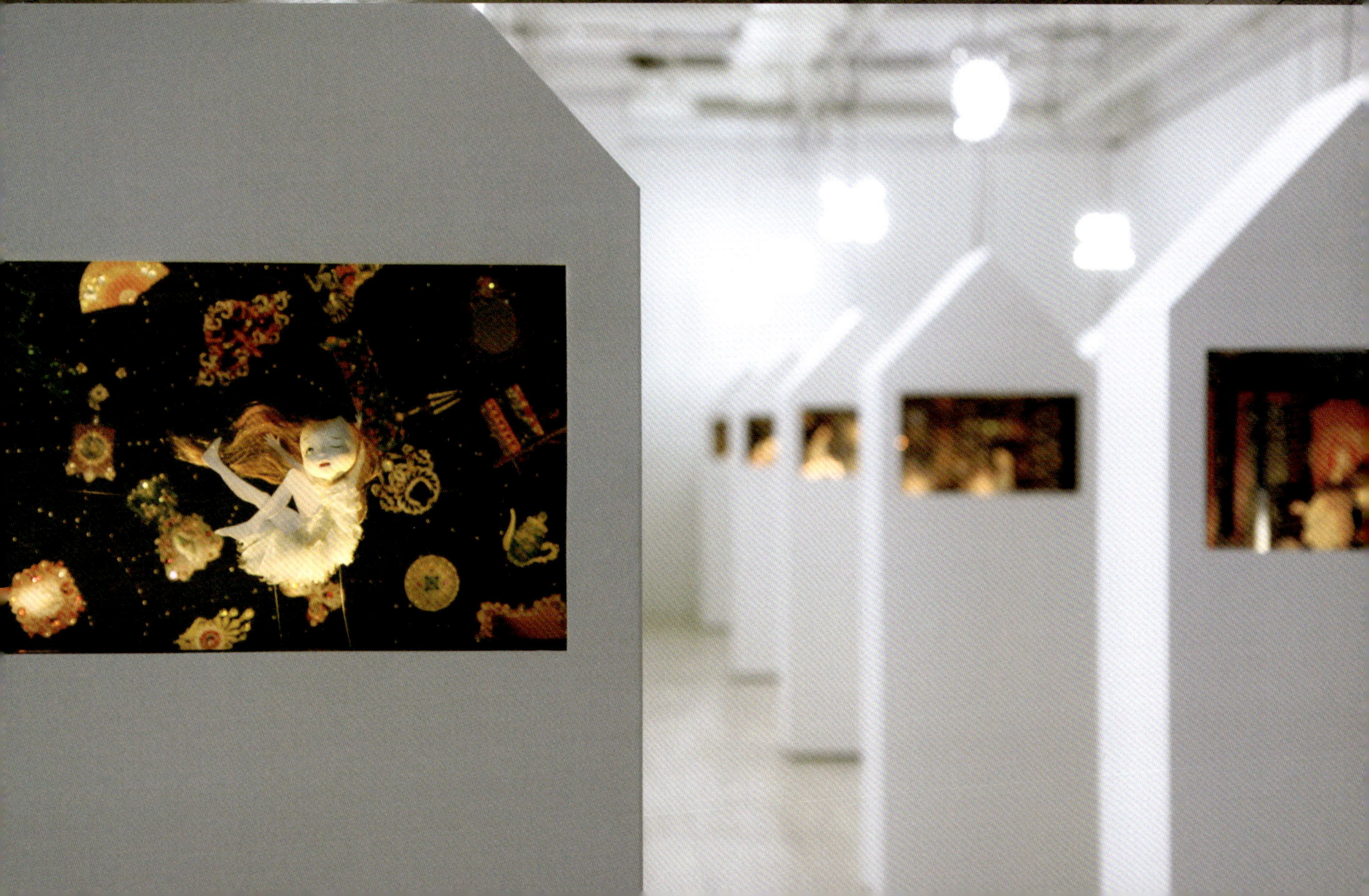

P98-100
銀座・ポーラ ミュージアム アネックス
清川あさみ「こども部屋のアリス」絵本原画展

リトルモア絵本シリーズ『不思議の国のアリス』を題材とした『こども部屋のアリス』のために制作した初の3D原画を展示。色とりどりの舞台の上でアリスが華麗に衣装をチェンジしながら、夢と冒険の旅を続ける。繊細できらびやかなアリスの「美」の世界。
主催：ポーラ・オルビス ホールディングス ／ 協力：リトルモア ／ 企画構成：NPO Hexaproject ／ 2013 年

Stitch Story 3　　**Advertisement**　広告

P102-107
2013年 PARCO クリスマス
「LOVE MAX！X MAS！」広告

2013年のPARCOのクリスマスの広告ビジュアル（P102-107）をはじめ、CM（P108）、装飾（P109-111）まですべてのツールのクリエイティブディレクション＆アートディレクションを担当。クリスマスはとにかく派手で皆がハッピーになれますように…との願いを込めた。
©PARCO. CO., LTD
CL：パルコ / M：金子ノブアキ、点子 / P：TAKAKI_KUMADA/ H&M：高草木 剛（vanites、金子ノブアキ分）、奥平正芳（CUBE、点子分）/ ST：上井大輔（demdem inc.、金子ノブアキ分）、西野メンコ（点子分）/ CD, AD, AW, CW：清川あさみ / D：藤田二郎（FJD）/ LD：三嶋章義（ALAGAN）/ Pr：RCKT/ Rocket Company* / プロップスデザイン：ENZO（artbreakers）/ 2013年

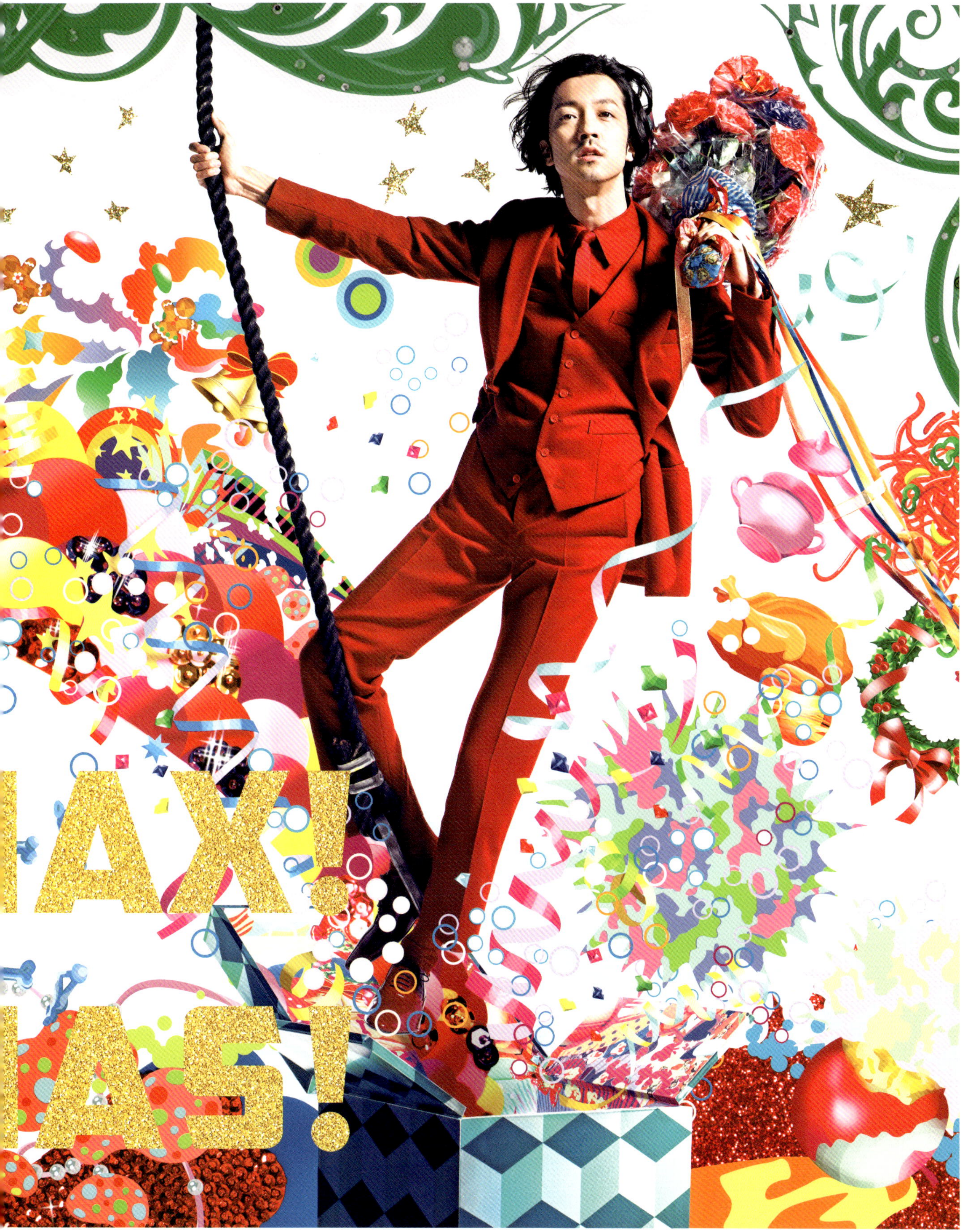
AX!
AS!

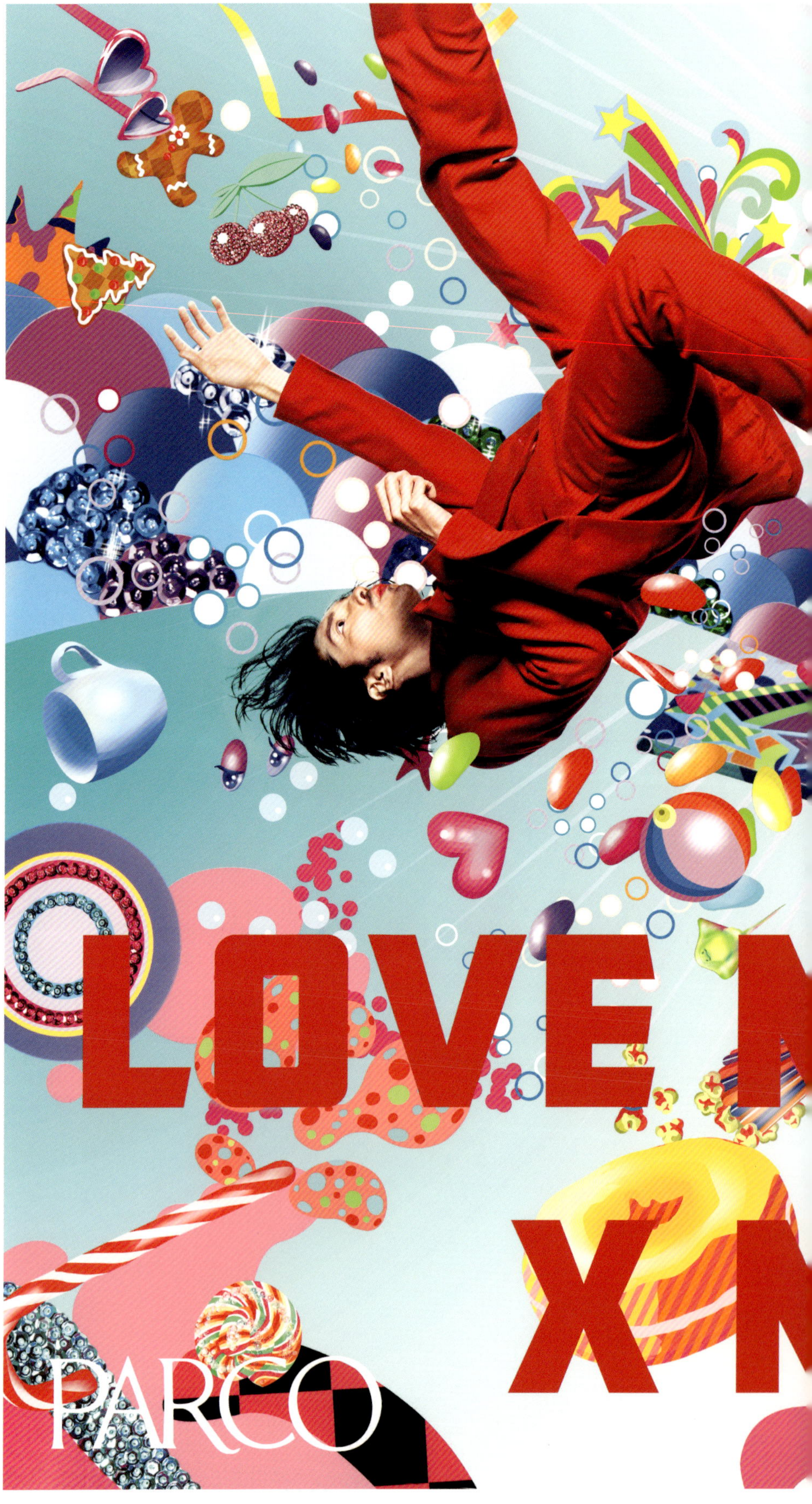
LOVE
PARCO

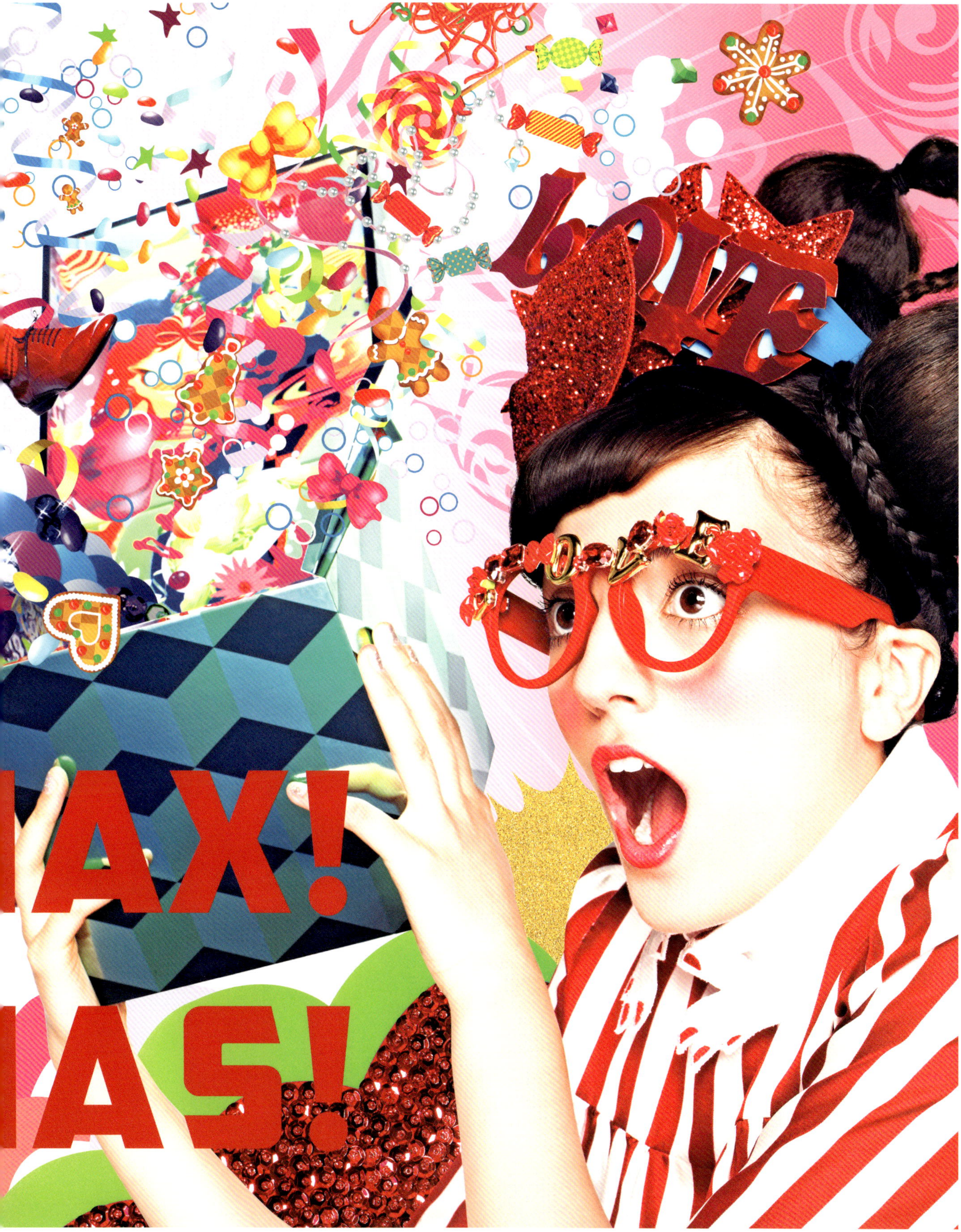
LOVE
AX!
AS!

LOVE MAX! XMAS!

PARCO

©PARCO. CO., LTD

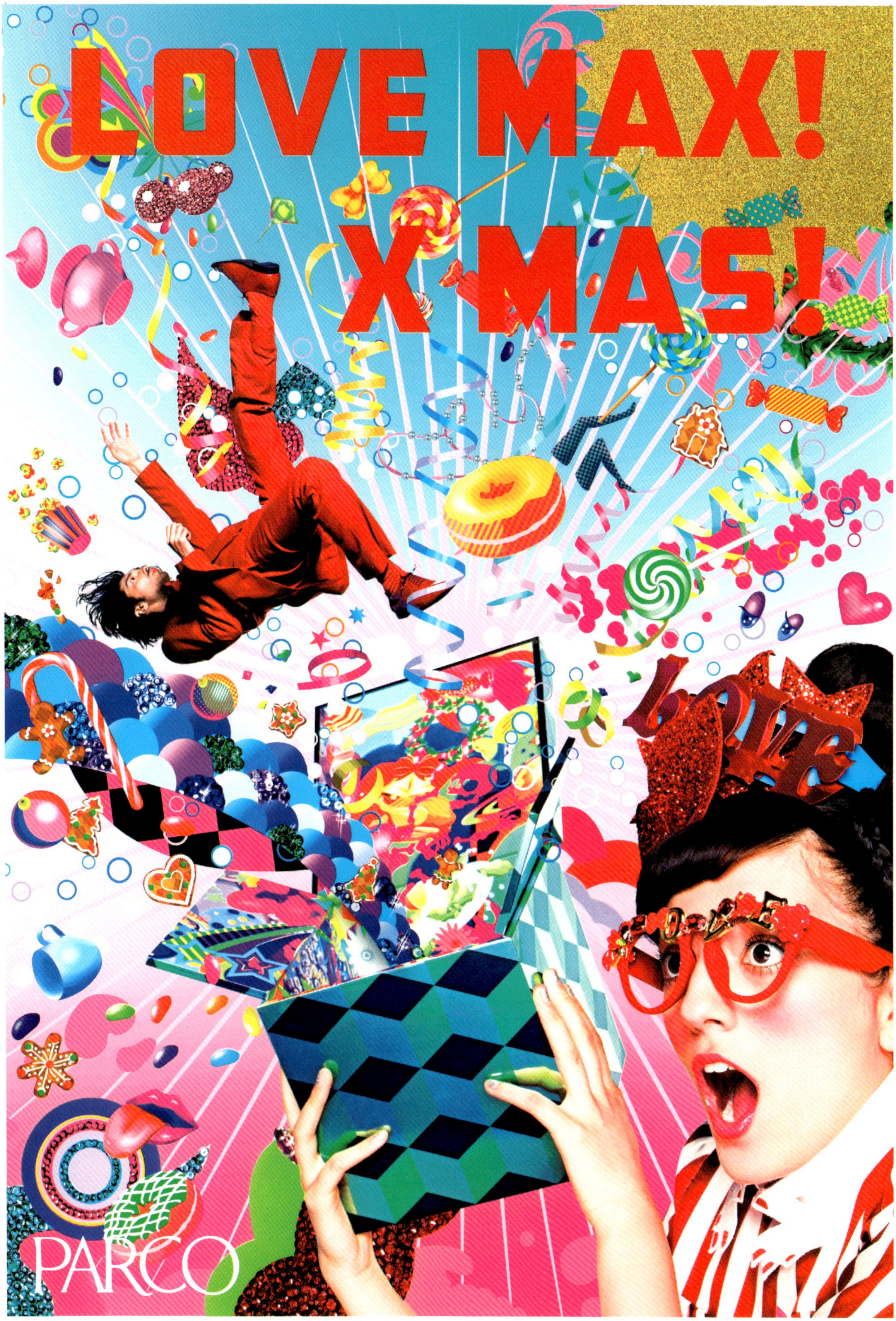
LOVE MAX!
X'MAS!
LOVE
PARCO

♪金子ノブアキ

LOVE MAX!
X MAS!

P108
2013年 PARCO クリスマス「LOVE MAX！ X MAS！」CM

CL：パルコ／M：金子ノブアキ、点子／P：TAKAKI_KUMADA／H & M：高草木 剛（vanites、金子ノブアキ分）、奥平正芳（CUBE、点子分）／ST：上井大輔（demdem inc.、金子ノブアキ分）、西野メンコ（点子分）／CD, AD, AW, CW：清川あさみ／LD：三嶋章義（ALAGAN）／Pr：RCKT/Rocket Company*／プロップスデザイン：ENZO（artbreakers）／プロダクションマネージャー：菅井高志（CROMANYON）／映像ディレクター：中根さや香（N・E・W）／照明：森寺テツ／音楽：金子ノブアキ「Signals」（作詞：Nobuaki Kaneko／作曲：Nobuaki Kaneko、Hamuro）／ナレーション：JAY'ED／2013年

P109-111
2013年 PARCO クリスマス「LOVE MAX！ X MAS！」プレゼントボックス

CL：パルコ／P：永野雅子／AD, AW：清川あさみ／2013年

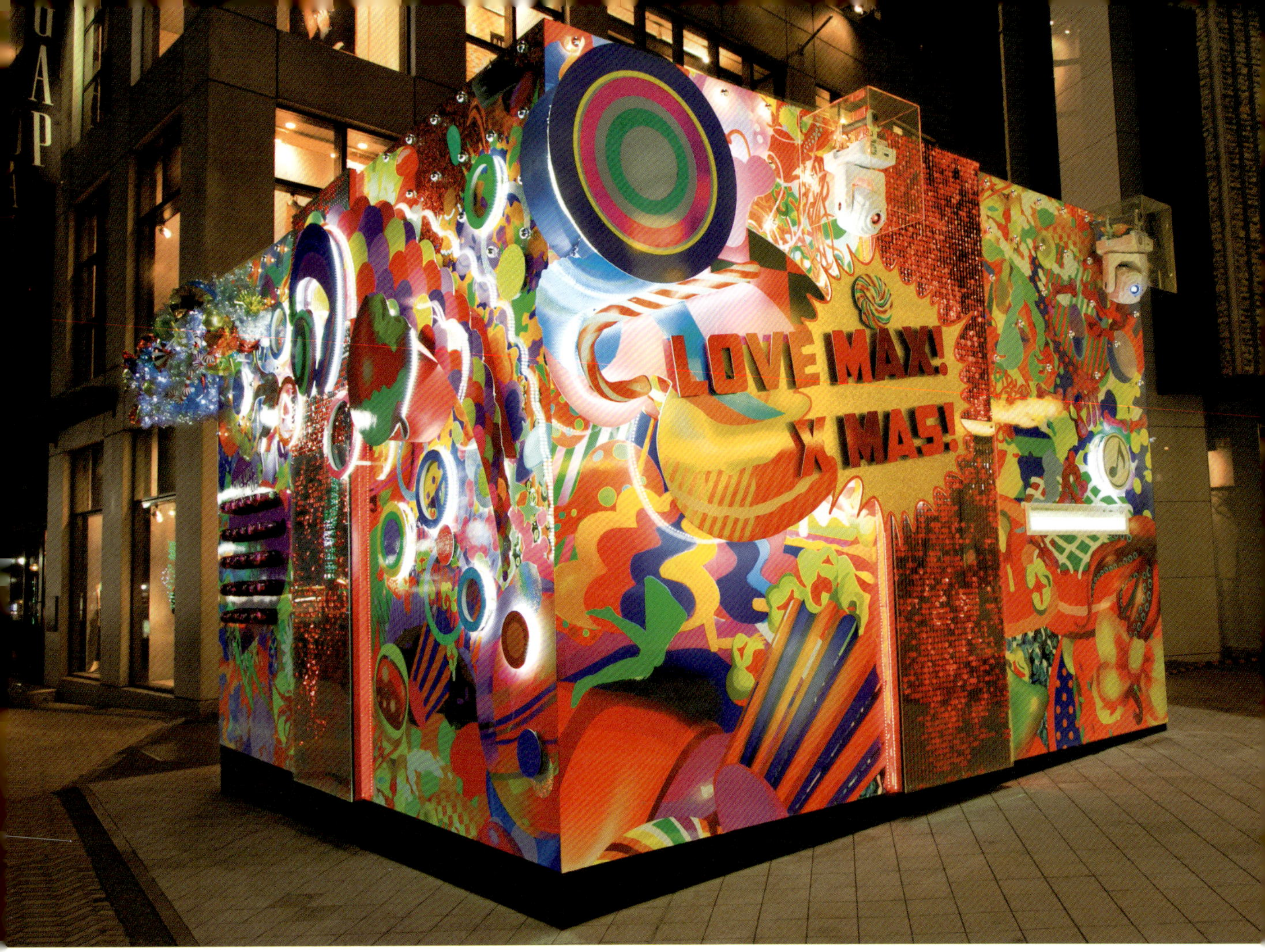
LOVE MAX!
X MAS!

111

P112-119
美味採集
Häagen-Dazs × ASAMI KIYOKAWA

「美味採集 Häagen-Dazs × ASAMI KIYOKAWA」と題して、"味覚"と"視覚"が融合したイベントを開催。CMキャラクターである柴咲コウが"世にも美味しく""採集"された作品や、コラボレーションを記念したオブジェの展示、新商品の試食サンプリングなどを行った。
CL：ハーゲンダッツ ジャパン / M：柴咲コウ / P：Kaz ARAHAMA (D-CORD) / H&M：丹羽和寛 (Maroonbrand) / ST, AD, AW, LD：清川あさみ / D：藤田二郎（FJD）/ 2012年

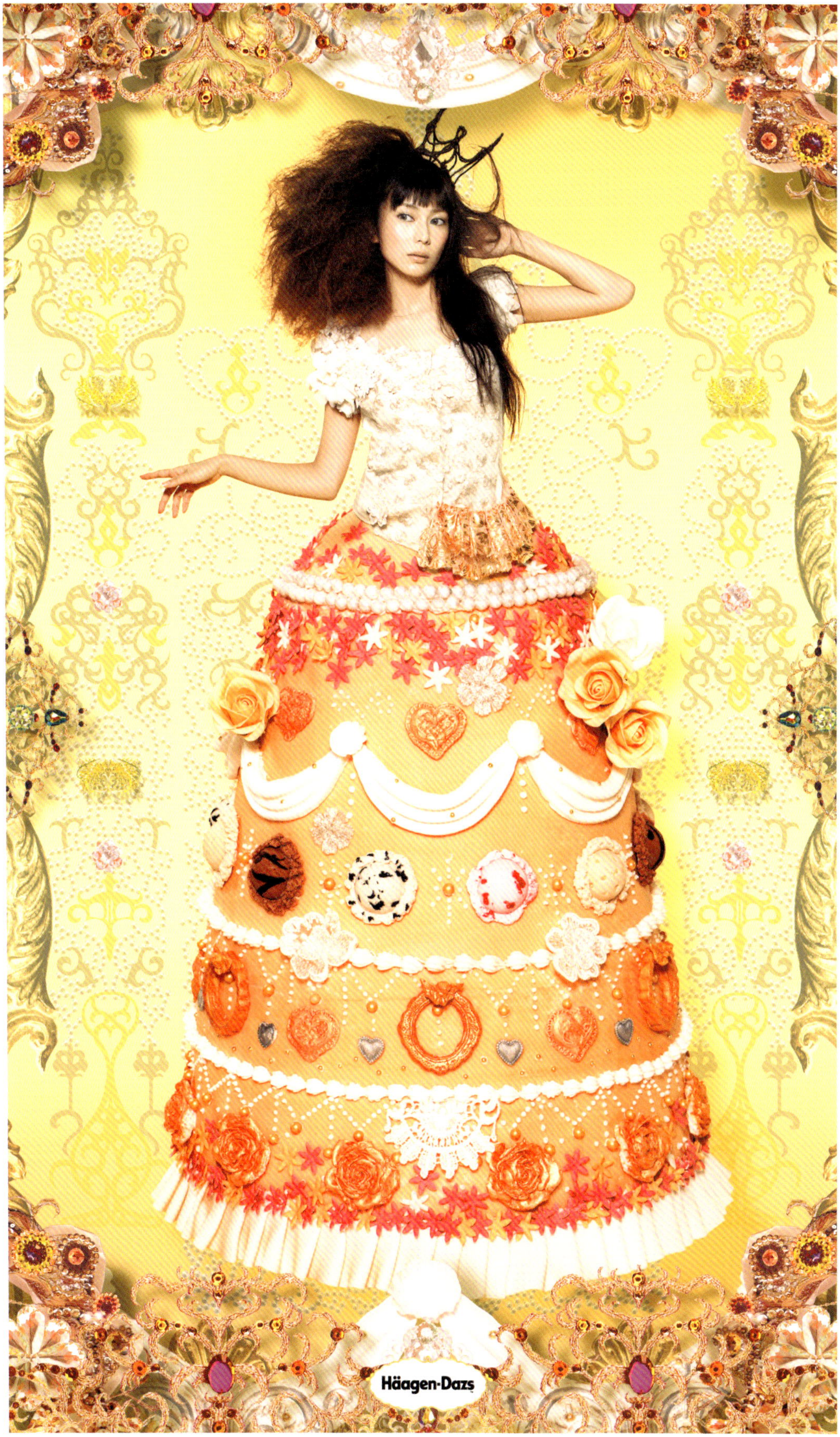
Häagen-Dazs

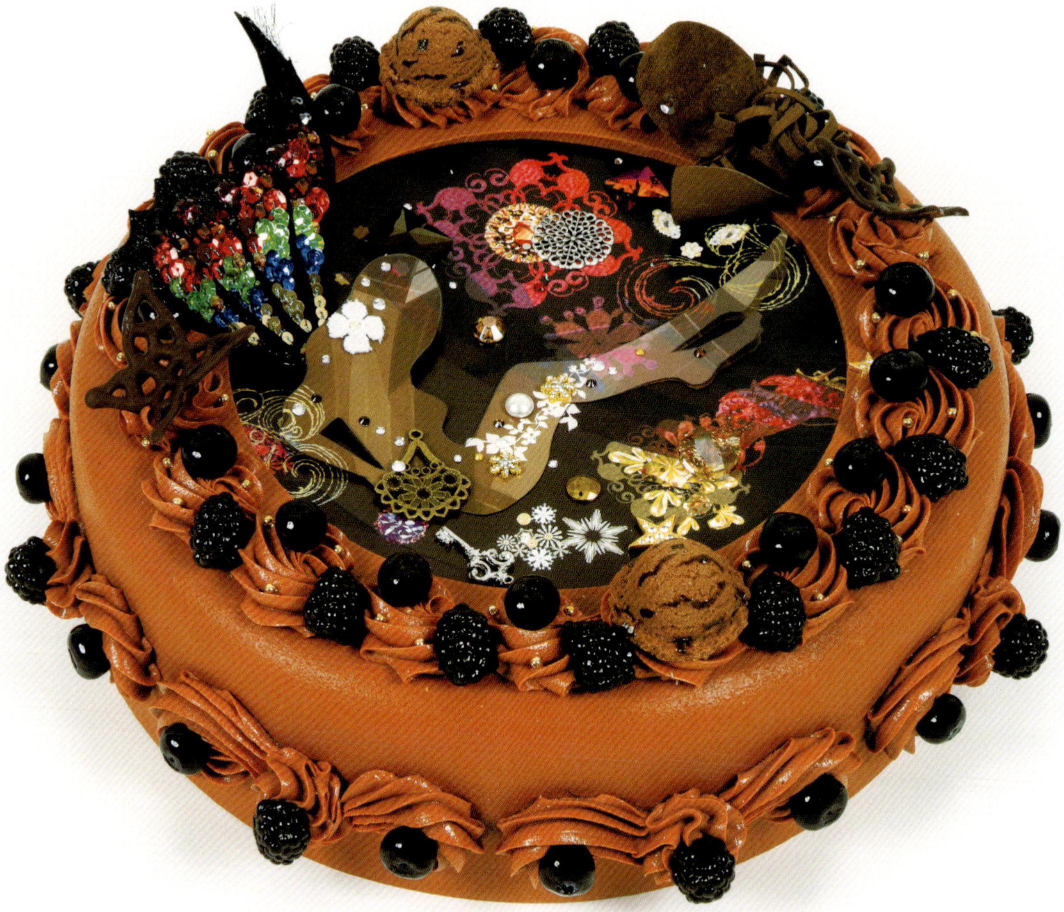

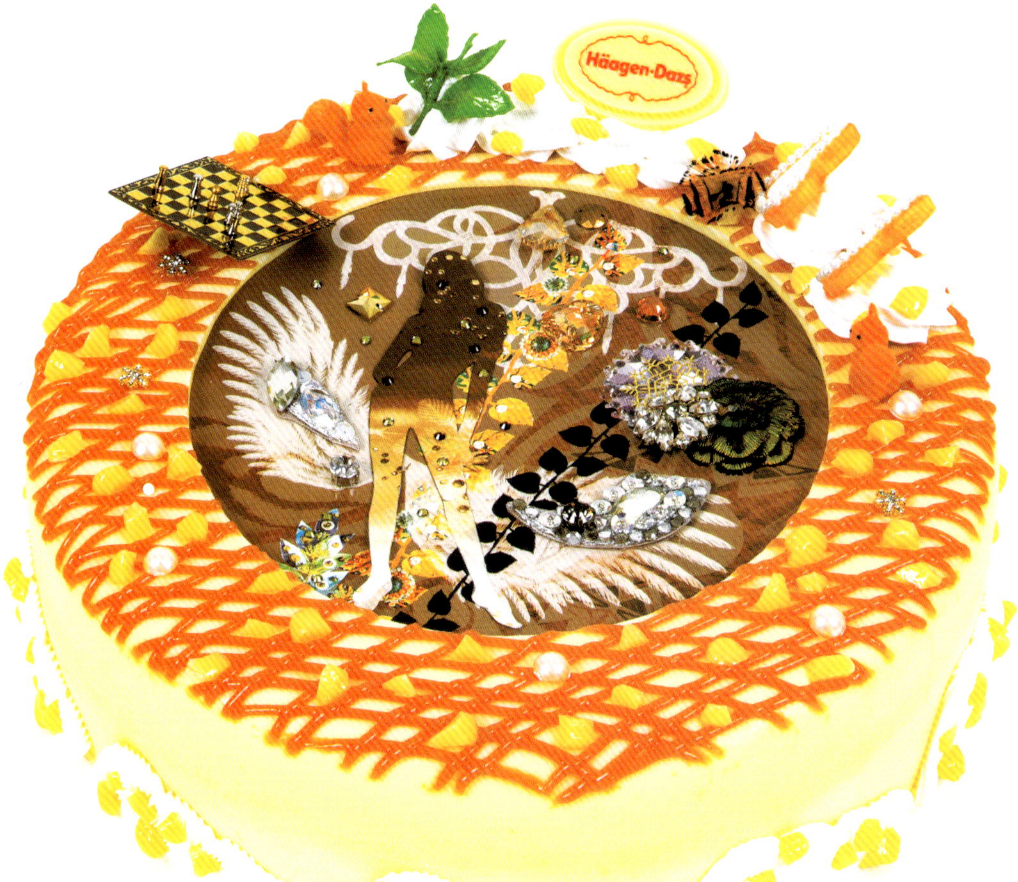
Häagen-Dazs

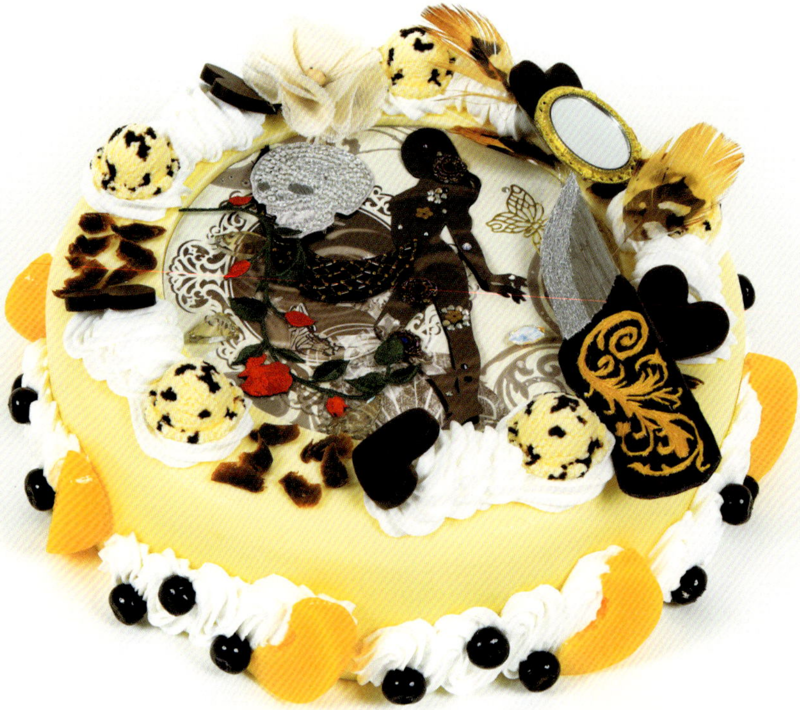

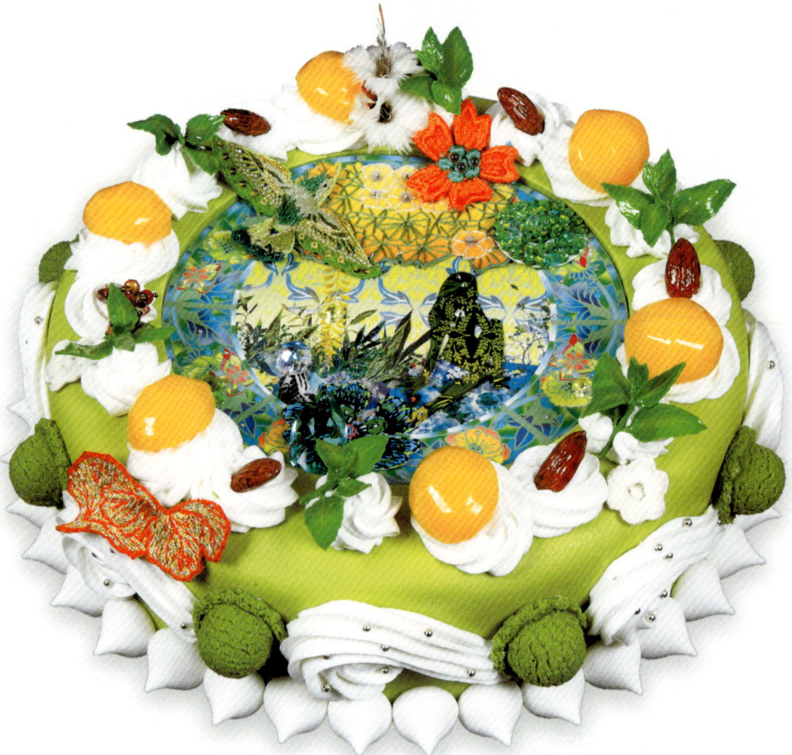

P114-117
美味採集 フェイク・ケーキ

人気の定番の味6種類（バニラ、抹茶、クッキークリーム、マカデミアナッツ、ストロベリー、チョコレート）をそれぞれイメージしたフェイクなケーキのアート作品。
CL：ハーゲンダッツ ジャパン ／ AD, AW：清川あさみ ／ 2012年

P114
美味採集
Häagen-Dazs × ASAMI KIYOKAWA
CHOCORETE BRAOWNIE FAIRY

P115
美味採集
Häagen-Dazs × ASAMI KIYOKAWA
MACADAMIA NUT FAIRY

P116 上
美味採集
Häagen-Dazs × ASAMI KIYOKAWA
COOKIES & CREAM FAIRY

P116 下
美味採集
Häagen-Dazs × ASAMI KIYOKAWA
GREEN TEA FAIRY

P117 上
美味採集
Häagen-Dazs × ASAMI KIYOKAWA
STRAWBERRY FAIRY

P117 下
美味採集
Häagen-Dazs × ASAMI KIYOKAWA
VANILLA FAIRY

美味探集 Häagen-Dazs × ASAMI KIYOKAWA
展示風景

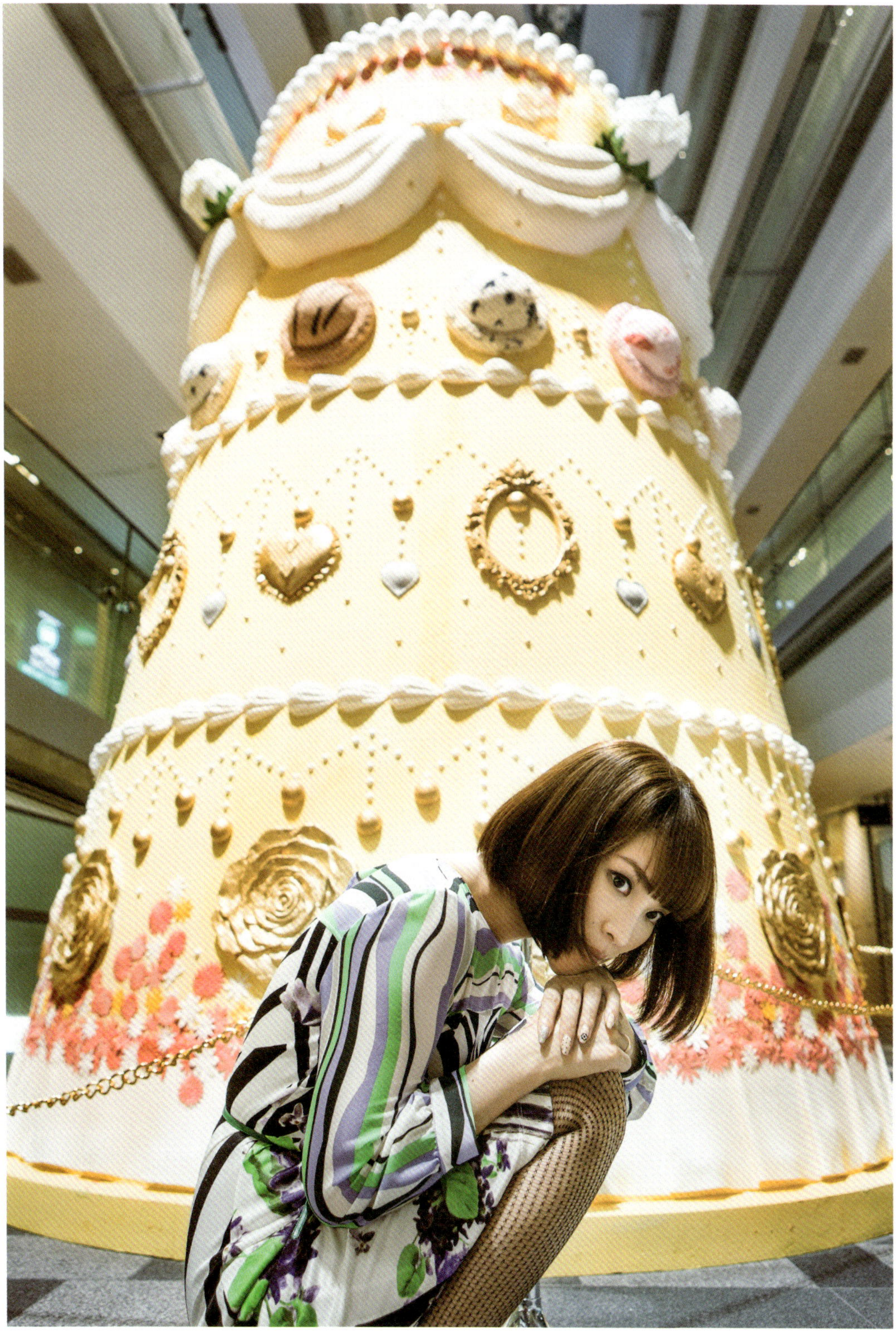

ハーゲンダッツ WEB 企画
Häagen-Dazs the Sweetest Art "PRESENT COLLECTION"
マカデミアナッツ × 清川あさみ「甘美な罠。」マカデミア "小悪魔" ナッツアート

マカデミアナッツを用いたアート作品。テーマは「甘美な罠。」。ナッツのお風呂に入った小悪魔な女の子を表現。
CL：ハーゲンダッツ ジャパン / P：Kaz ARAHAMA (D-CORD) / AD, AW：清川あさみ / 2012 年

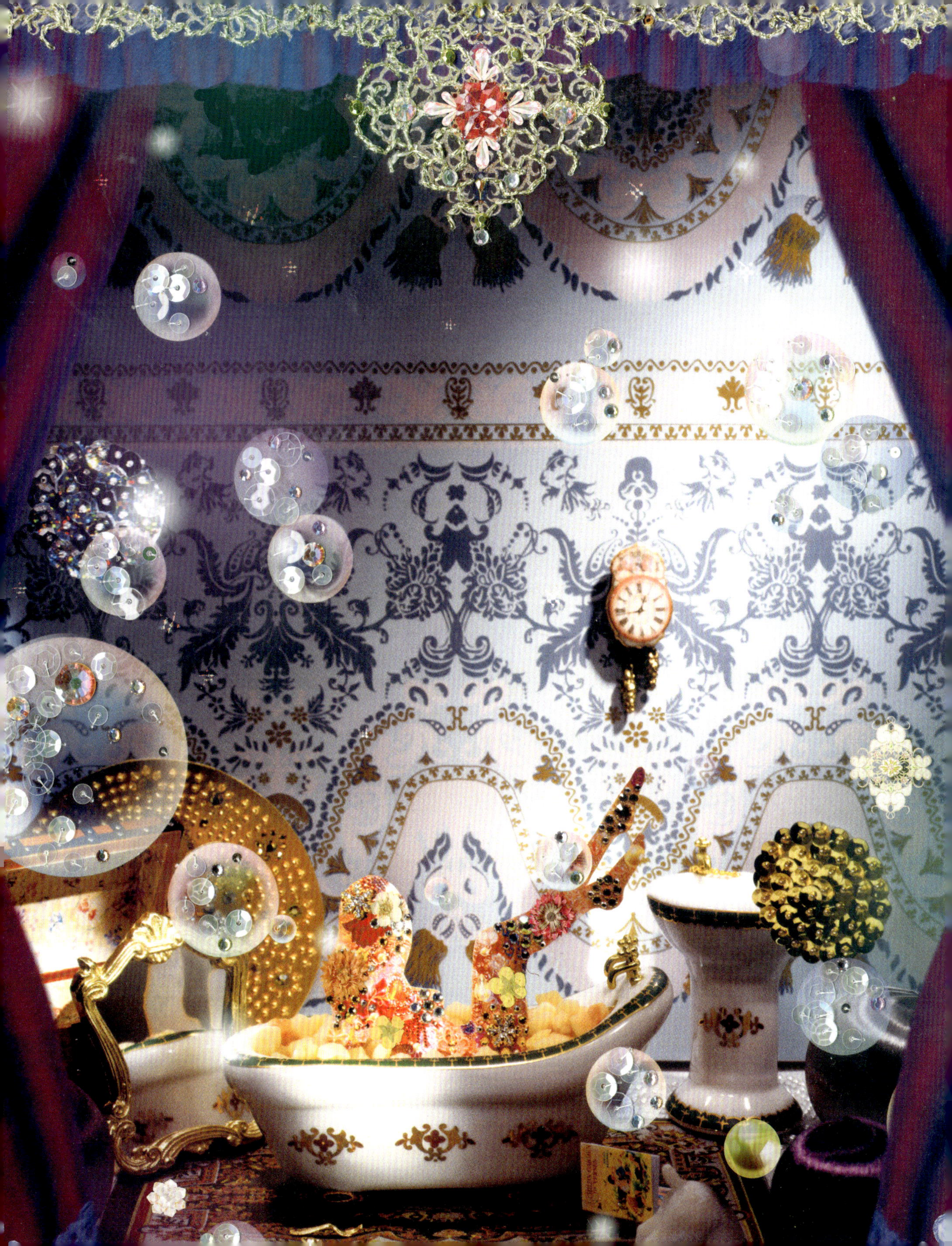

松屋銀座
「GINZA SPRING」

松屋銀座の2011年スプリング・プロモーション「GINZA SPRING」のメインビジュアル。ピンクを基調とした春らしいガーリーな世界観をエントランスや店内装飾などで展開。さらに、松屋銀座×清川あさみ×「美人時計」がコラボレーションした巨大な"銀座の花時計"が松屋銀座店内に登場した。
CL：松屋 / AD, AW：清川あさみ / 2011年

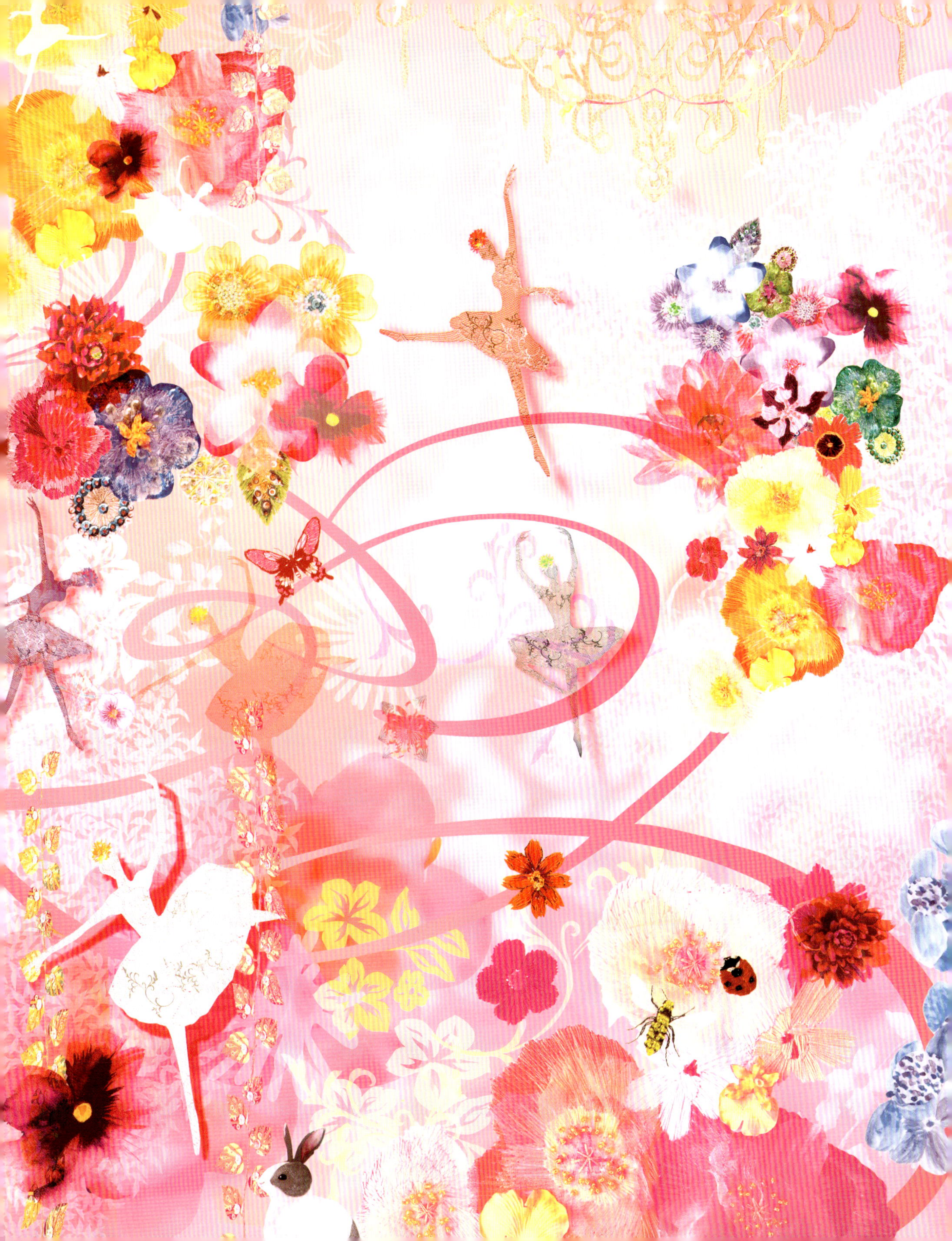

Dreamy Christmas

Dreamy Christmas

matsuya ginza

Dreamy Christmas

Dreamy Christmas

Dreamy Christmas

Dreamy Christmas

Dreamy Christmas

Dreamy Christmas

MATSUYA GINZA
Dreamy Christmas

MATSUYA GINZA
Dreamy Christmas

Dreamy Christmas

みんなの心に
キラキラが
つもりますように。

Sweet Christmas

P130
サンリオ「Sweet Christmas」広告

2012年のサンリオのクリスマス・キービジュアル。大人カワイイ世界感を、ファンタジー感あふれるキティちゃんとピンクスノードームの世界で表現。どこか、魔法がかかったように心がふわっとあたたかく、見る人が明るく幸せな気持ちになるようなドラマチックなビジュアルに仕上げた。
©76, '14 SANRIO
CL：サンリオ / P：四方あゆみ(ROOSTER) / AD, AW：清川あさみ / 2012年

P131
サンリオ「夢見る My マイメロディ展」広告

「"私の"マイメロディ」をテーマに、各界の著名人がデザインしたマイメロディを展示した。モデルの松井珠理奈がかわいいマイメロディに。
©76, '14 SANRIO
©AKS
CL：サンリオ / M：松井珠理奈(SKE48) / P：Kaz ARAHAMA(D-CORD) / ST, AD, AW：清川あさみ / 2012年

チャリティオークション
同時開催!

夢見る Myマイメロディ展

"私の"マイメロディ をテーマに、各界の著名人、入賞者がデザインした
マイメロディをご覧いただきます。

2012年
2月22日(水)〜
3月5日(月)

会場:六本木ヒルズ内
「umu(ウム)」
東京都港区六本木6-9-1 テレビ朝日本社1階

午前11時〜午後8時
(入場は閉場の30分前まで)
※最終日は午後4時にて終了

大人800円　中高校生500円
※小学生以下無料

主催:株式会社サンリオ　後援:テレビ朝日
協力:Yahoo! JAPAN
Myマイメロディ展事務局 Tel 03-5771-8374

SKE48 松井珠理奈

Shinjuku West

Christmas 2010

✦ Presented by KEIO Group ✦

京王グループからあなたへ、素敵なクリスマスプレゼント。

この街が、もっと輝きますように。

KEIO

P132-133
京王グループ「新宿ウエストクリスマス2010」広告

京王グループ4施設による共同キャンペーン「新宿ウエストクリスマス2010」のメインビジュアルを制作。ゴールドを基調としたあたたかい雰囲気の広告に。ビジュアルは京王線新宿駅構内や、コンコース、電車内中吊などをはじめ、新宿周辺にて幅広く展開。
CL：京王グループ / CD：江尻卓郎 / AD：大木隆介、金子菜穂 / D：福田康史 / AW, I：清川あさみ / CW：相馬 勝 / 企画制作：京王エージェンシー、スコープ

P134-135
GAP CREATIVE LABEL

Gapフラッグシップ原宿にてスタートしたミュージック、アート、ダンス、ビューティ、フードなどさまざまな分野で活躍するオーセンティックな才能を集めたレーベル「GAP CREATIVE LABEL」。GAPの提唱するコンセプト「BE BRIGHT」をキーワードに、創意あふれる方法で新たな文化の可能性を切り開く一端を担うアーティストとともに作品やパフォーマンスをつくり上げ発信するプロジェクトで、日本にて独自に展開された。清川はGAPのデニムを使って大がかりな新作を制作した。
CL：GAP ／ P：笹口悦民 ／ H&M：丹羽和寛 (Maroonbrand) ／ AD, AW：清川あさみ／2012年

P136-137
OKIデータ「MICROLINE」広告

カラープリンタ「MICROLINE」の発売に合わせて制作した広告ビジュアル。デザイン・コンセプトはプリンタから色が溢れ出すイメージ。カラープリンタということでとにかく色彩を豊かに表現。また、デザイナーやクリエイターが思い描く自由なイメージを具現化するツールであるということを清川なりに表現するため、不思議な世界観を出すよう意識した。
CL：OKIデータ ／ AD, AW：清川あさみ／2011年

135

	A3 nobi 1
	A3
	A4
	B4
	A5

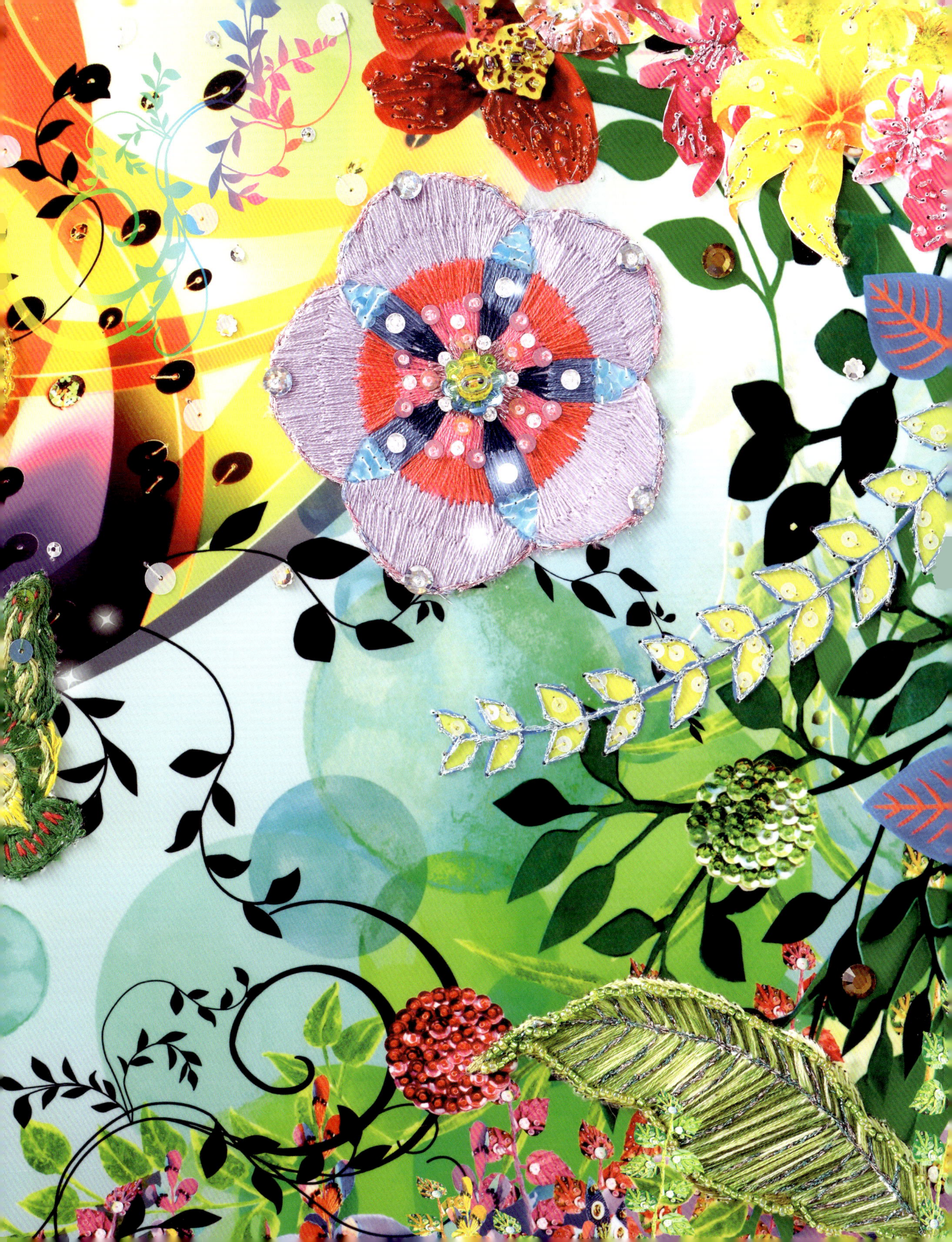

ワコール
WING "KIREI" 夏篇

ワコール WING "KIREI" ブランドの夏篇のメインビジュアル。花をバックにちりばめた夏らしいさわやかなビジュアルが完成。ビジュアル素材はそのまま CM にも起用された。
CL：ワコール ／ M：竹下玲菜 ／ P：新津保建秀 ／ Hair：西村浩一 ／ Make：早坂和子 ／ ST：松本智恵子 ／ シニアアートディレクター：白水生路 ／ AD：山室実花子 ／ D：松本征治 ／ AW：清川あさみ ／ CW：葛谷晴子 ／ 代理店：マッキャンエリクソン ／ 2012 年

Stitch Story 4 **Product Design** プロダクト

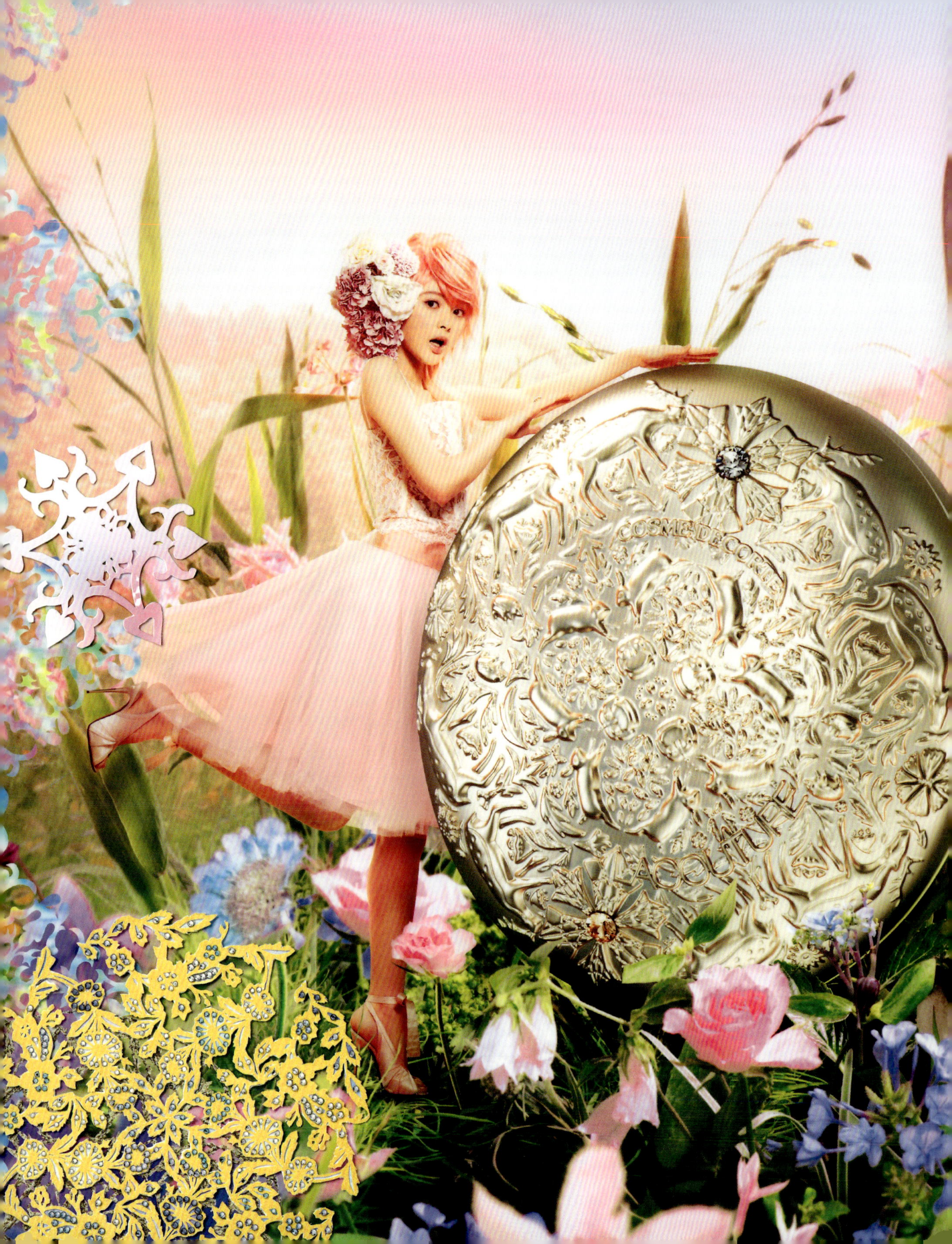
COSME DECORTE

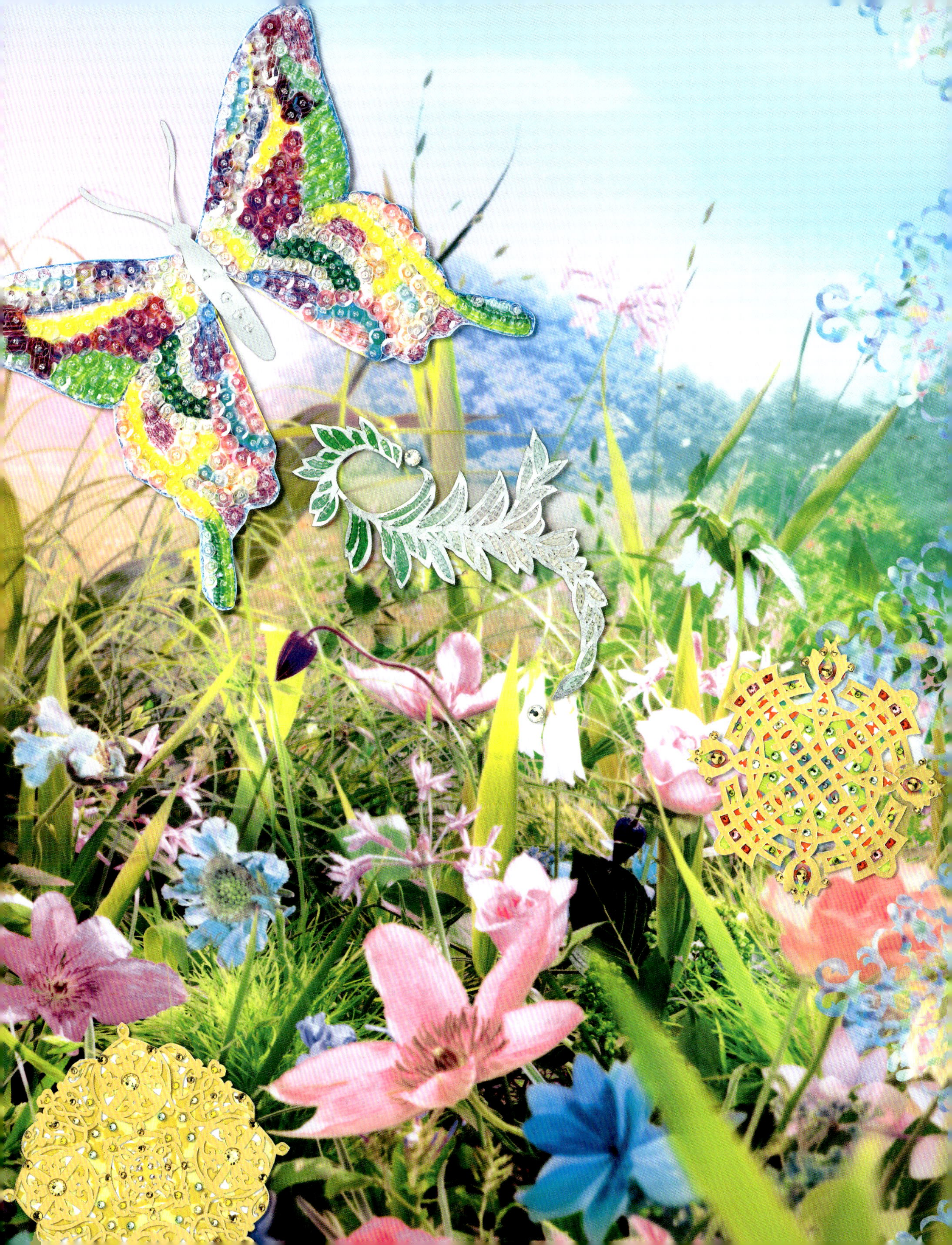

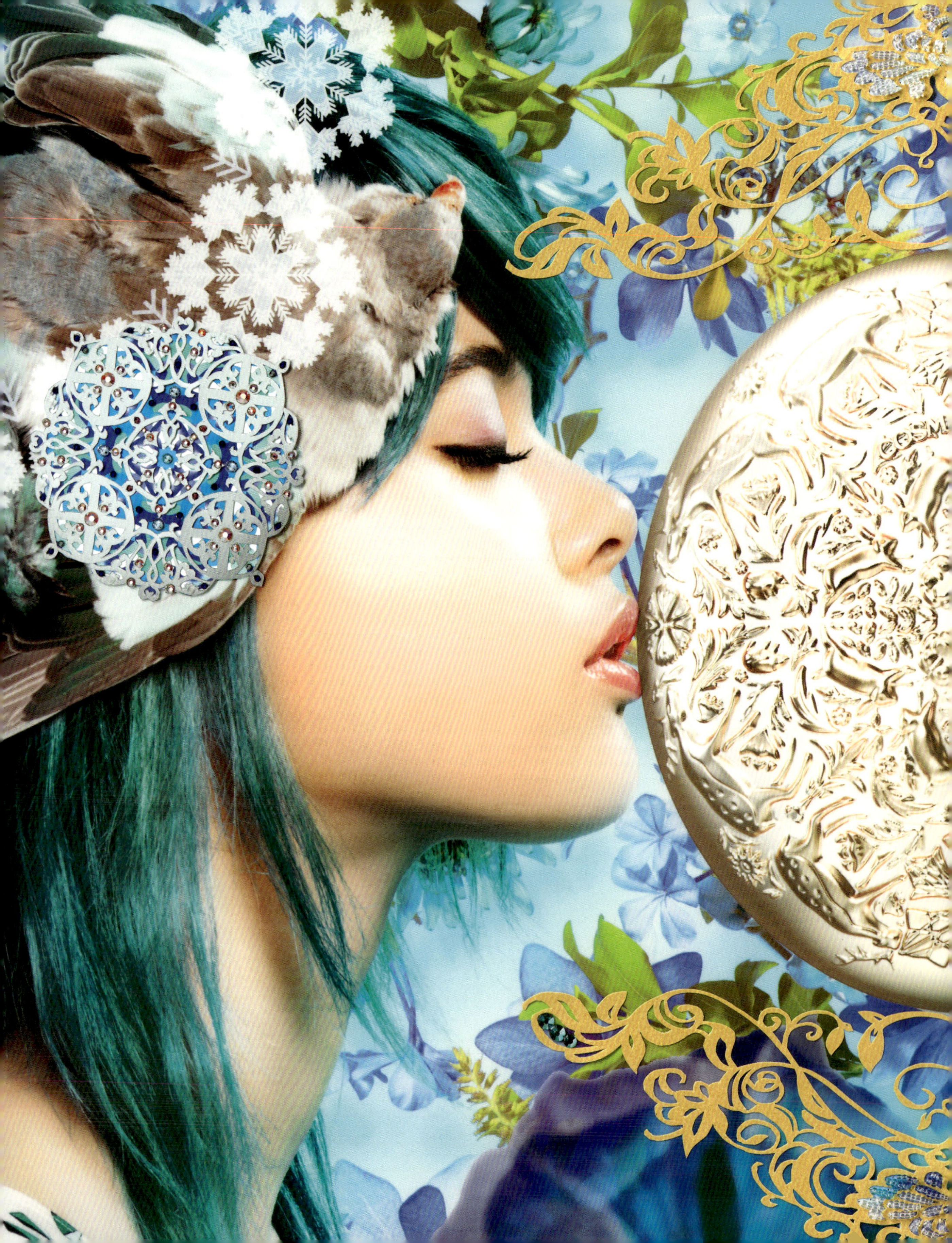

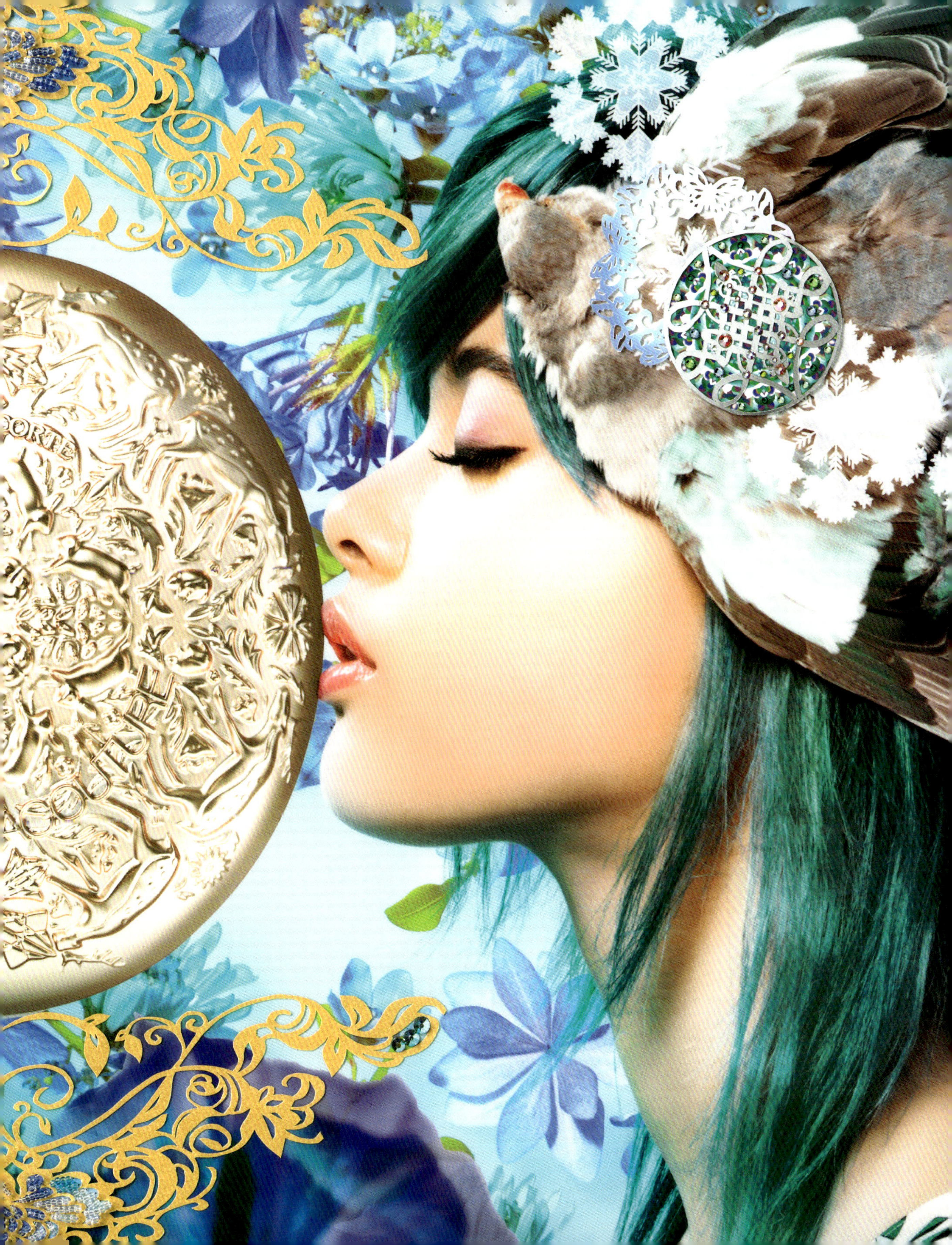

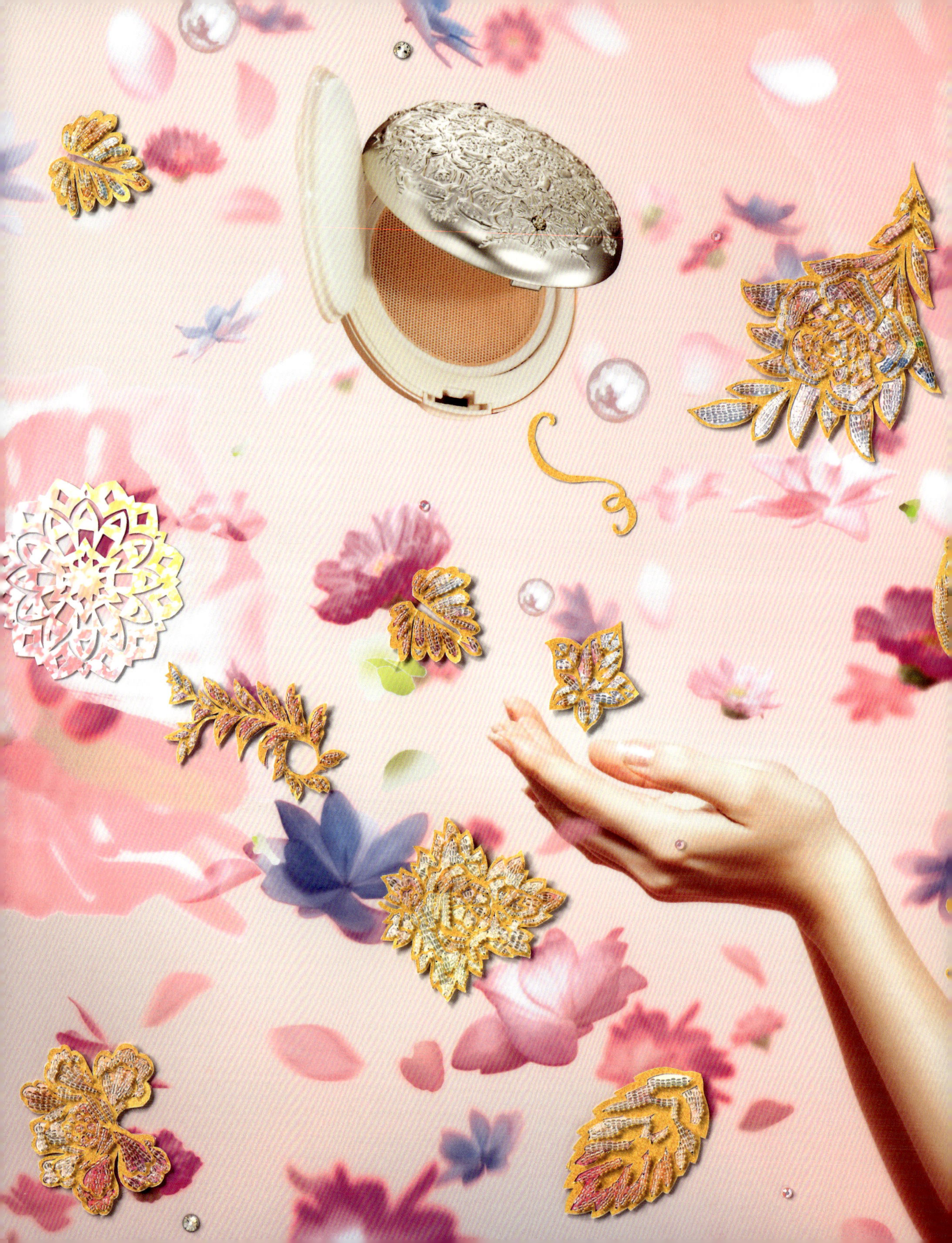

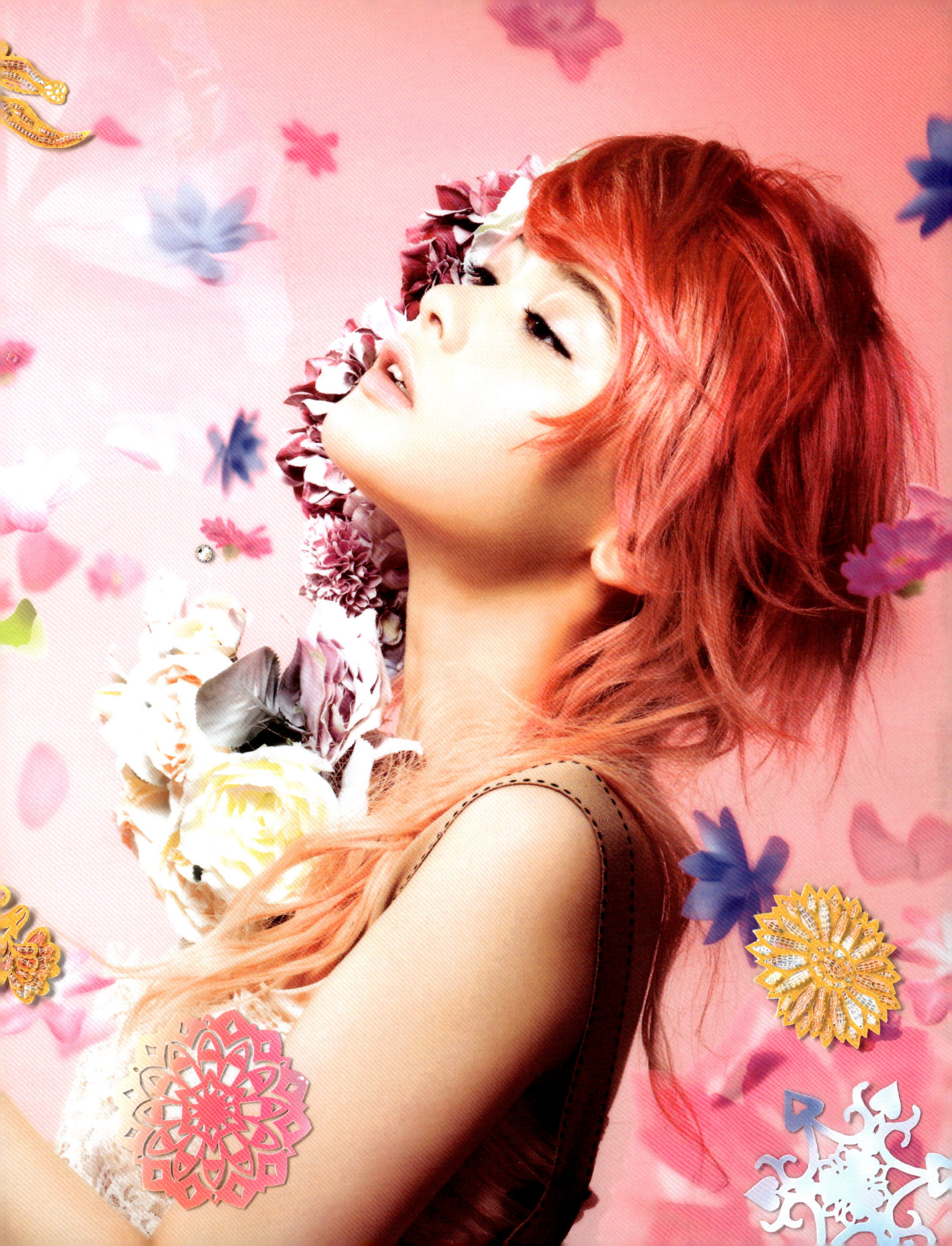

ぱっと毛穴レス、ふわっと美肌。
幸せが舞い降りる。

期間限定 8月21日〜
今だけ出会える「幸福パクト」
ラクチュール × 清川あさみ コラボモデル

コスメデコルテ ラクチュール ルースファンデーション
(レフィル)7色 各4,200円(税込4,410円) SPF18/PA++

LACOUTURE

COSME DECORTE

P140-145
「コスメデコルテ ラクチュール ルースファンデーション」広告

ふわっと素肌感のある肌を叶えるルースファンデーション。ラクチュールとコラボレーションし、限定ケース「幸せパクト」をデザイン。愛らしい女の子が、上質で美しい大人の女性に変わってゆく…そんなイメージから生まれたのがこのパクト。万華鏡のように幸福スパイラルが続く歓びを表現。パクトのデザインとあわせて雑誌『FRaU』にてモデル玉城ティナを迎え、タイアップ広告をディレクション＆デザイン。
雑誌『FRaU』(講談社)タイアップ広告 / M：玉城ティナ / P：Kaz ARAHAMA (D-CORD) / H&M：丹羽和寛(Maroonbrand) / ST：西野メンコ / AD, AW：清川あさみ / 2013年

P146
「コスメデコルテ ラクチュール ルースファンデーション」限定ケース広告

P：Kaz ARAHAMA(D-CORD) / AD：清川あさみ / 2013年

SIENA
香水瓶ネックレス、限定BOX＆ショッピングバッグ

アクセサリーショップ「SIENA」とのコラボレーション。実際に香水を入れることが可能な香水瓶ネックレスを制作、背面には清川の考えた言葉も刻まれている。震災後の今の日本に届けるメッセージとして、暗い夜が明けて光が射してくる光景のように輝きが溢れるものが人を元気にしてくれるのでは、という思いから「L'aube 夜明け」という言葉を選ぶ。限定BOXとショッピングバッグも夜明けをテーマにデザイン。近未来の教会のステンドガラスをイメージし、「みなさんの将来に必ず光が射すように…」という思いを込めた。
©SIENA
AD, AW：清川あさみ / 2011年

LUX
ボディソープ

LUX × 清川あさみ「ラックスボディソープ ジューシーフレッシュ」

LUXボディソープのもつ「香水のような上質な香り」をテーマとした全4作品。第1弾は2014年春夏限定の香り「ジューシーフレッシュ」。ジューシーフレッシュの商品イメージを華やかでゴージャスなビジュアルに仕上げた。

CL：ユニリーバ・ジャパン / M：ソンイ / P：沖村アキラ（D-CORD） / H&M：奥平正芳（CUBE） / ST：TAKAO / AD , AW：清川あさみ / 2014年

LUX
ボディソープ

Softy Luxury
ソフティラグジュアリー ボディソープ
華やかに香る シルク肌
シルクプロテイン＆ブルガリアンローズの
エッセンシャルオイル配合

LUX × 清川あさみ「ラックスボディソープ ソフティラグジュアリー」

第2弾は「ソフティラグジュアリー」。可憐で品のあるイメージ、やさしく包みこむような女性らしさを表現。
CL：ユニリーバ・ジャパン / M：ソンイ / P：沖村アキラ(D-CORD) / H&M：奥平正芳(CUBE) / ST：TAKAO / AD，AW：清川あさみ

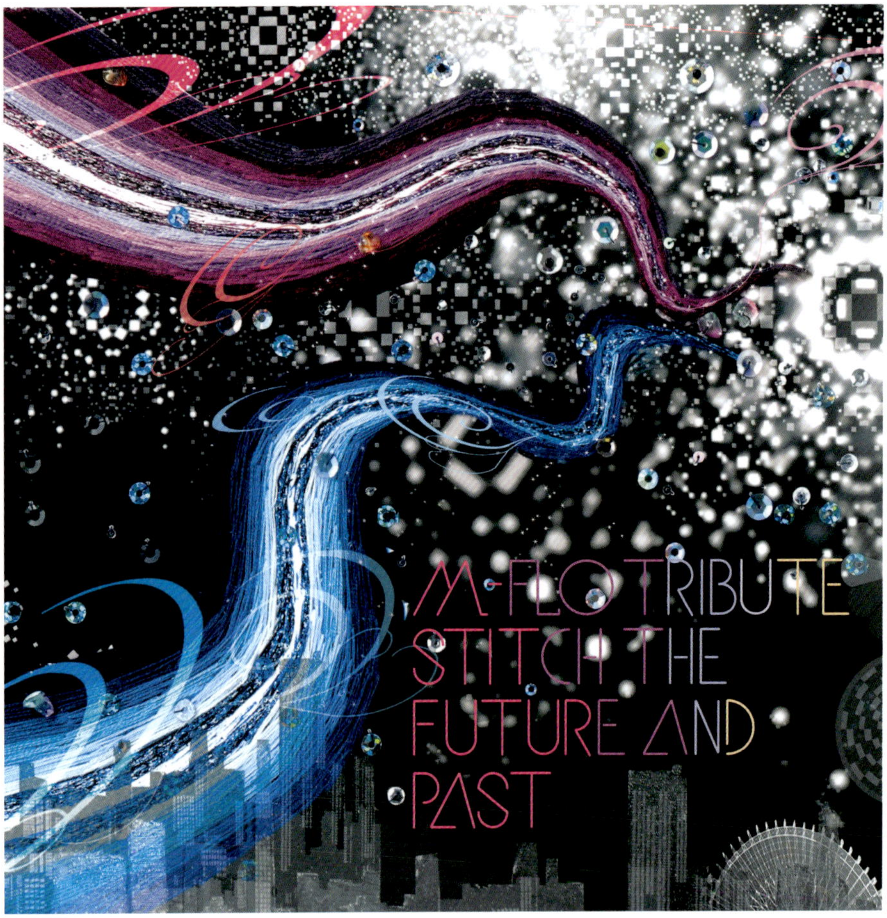
M-FLO TRIBUTE
STITCH THE
FUTURE AND
PAST

P152
m-flo「m-flo TRIBUTE 〜 stitch the future and past 〜」
アルバム・ジャケット

新進気鋭のアーティストに過去のm-floの楽曲を新しい切り口で昇華、表現してもらうことで、新たな層にm-floの楽曲を広げていく、というコンセプトのもと制作されたアルバム「m-flo TRIBUTE 〜 stitch the future and past 〜」のジャケットを担当。過去と現在を縫う(stitch スティッチする)イメージでビジュアルをデザイン。
CL：エイベックス・エンタテインメント ／ AD, AW：清川あさみ ／ D：藤田二郎(FJD) ／ 2011 年

P153
JUJU「Dreamer」シングル・ジャケット

JUJUの2013年第1弾シングルとなる「Dreamer」のジャケット・アートワーク。「奇跡を望むなら…」(2006年)に続き2度目となった。楽曲コンセプトはがんばる女性、夢に向かう女性、またこれから新世界へ飛びだす女性に届ける「強くしなやかに生きるすべての女性たちの毎日に寄り添うJUJUからの応援歌」。ジャケットはヒールをはいたJUJU本人の生足の写真に清川の刺繍を施し、新たな一歩を踏み出す女性の美しさを表現した。
©Sony Music Associated Records Inc.
CL：ソニー・ミュージックコミュニケーションズ ／ P：笹口悦民 ／ AD, AW：清川あさみ ／ D：藤田二郎(FJD) ／ 2013 年

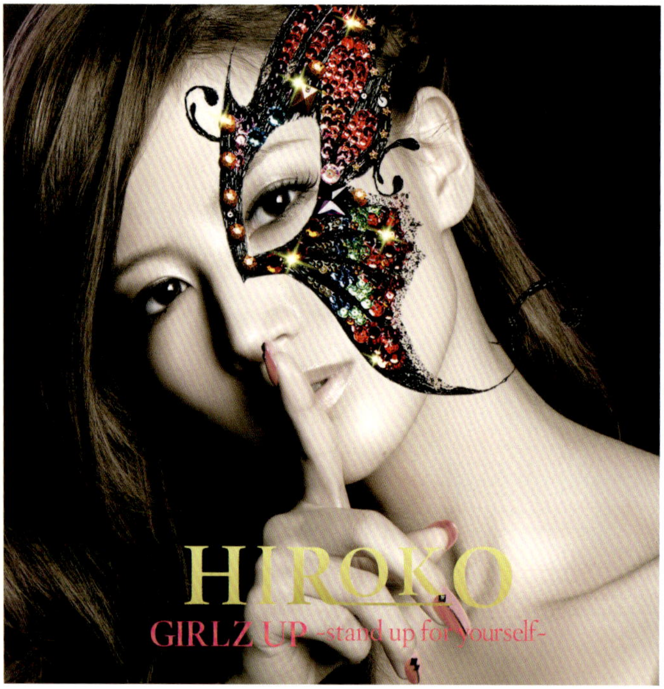
HIROKO
GIRLZ UP ~stand up for yourself~

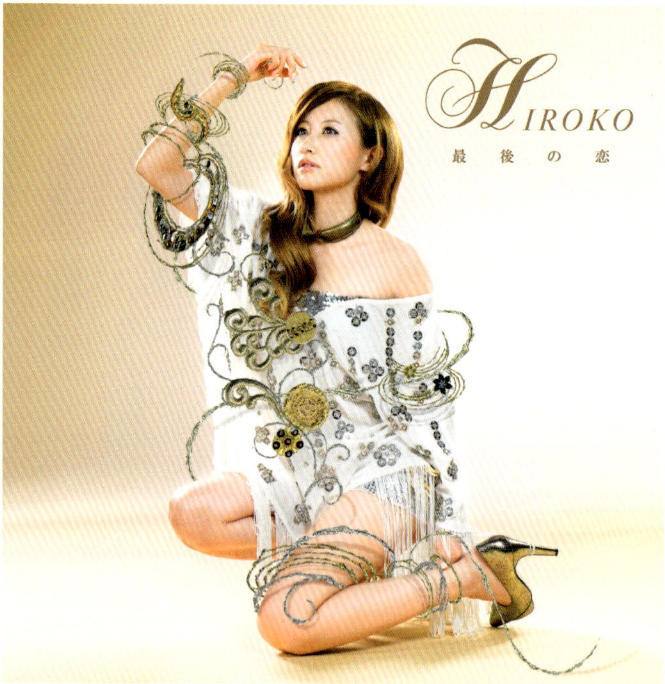
HIROKO
最 後 の 恋

HIROKO（mihimaru GT）ソロプロジェクト
ジャケットデザイン

mihimaru GTのボーカルHIROKOのソロプロジェクトのジャケットデザイン。シングル「GIRLZ UP～stand up for yourself～」(P154左)、「最後の恋」(P154右)、アルバム「OPEN THE DOOR」(P155)の大人っぽく妖艶な女性の魅力をシンプルなデザインで表現した。
©UNIVERSAL MUSIC LLC
CL：ユニバーサル ミュージック合同会社 ／ P：Kaz ARAHAMA（D-CORD）／ ST, AD, AW：清川あさみ ／ D：藤田二郎（FJD）／ 2011年

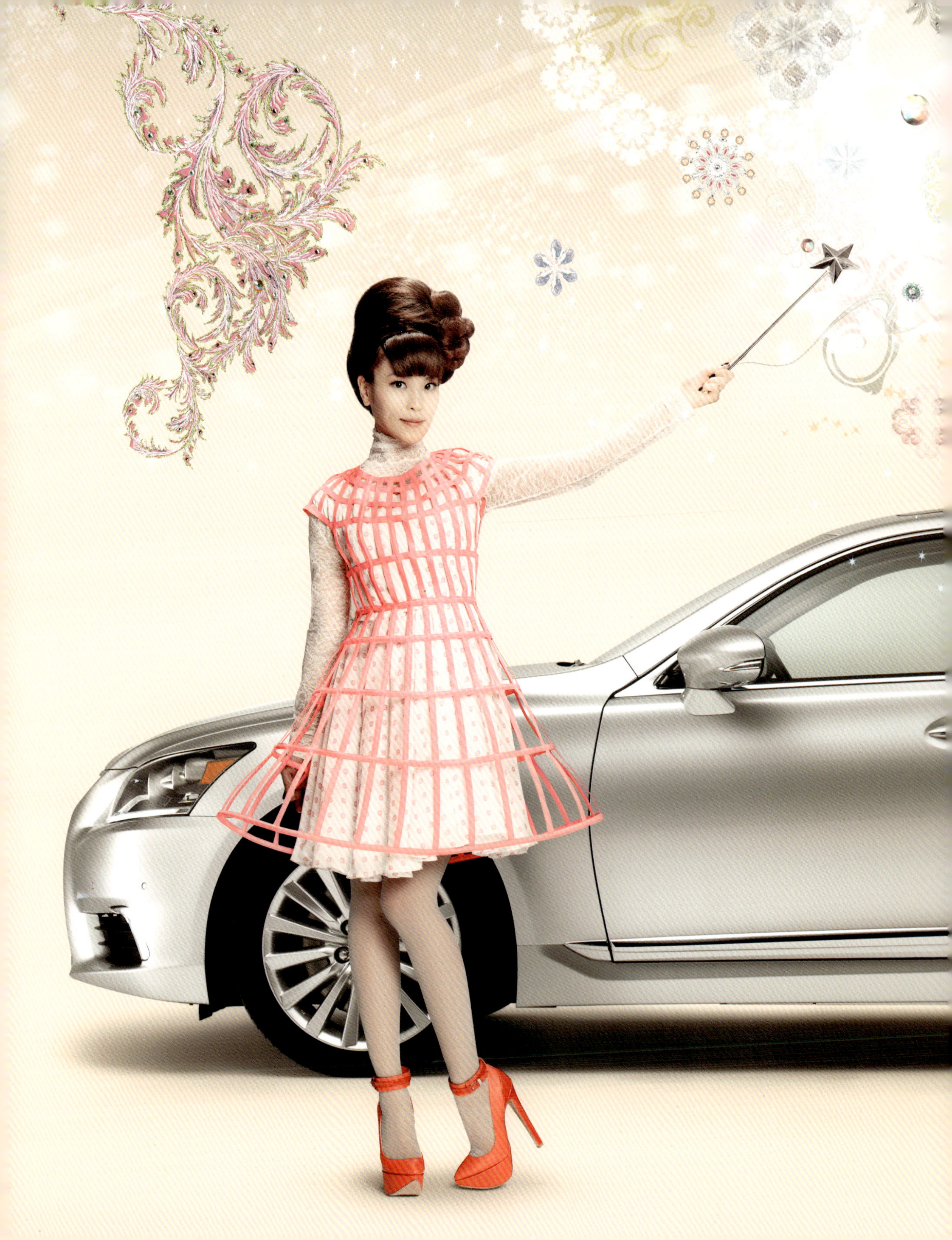

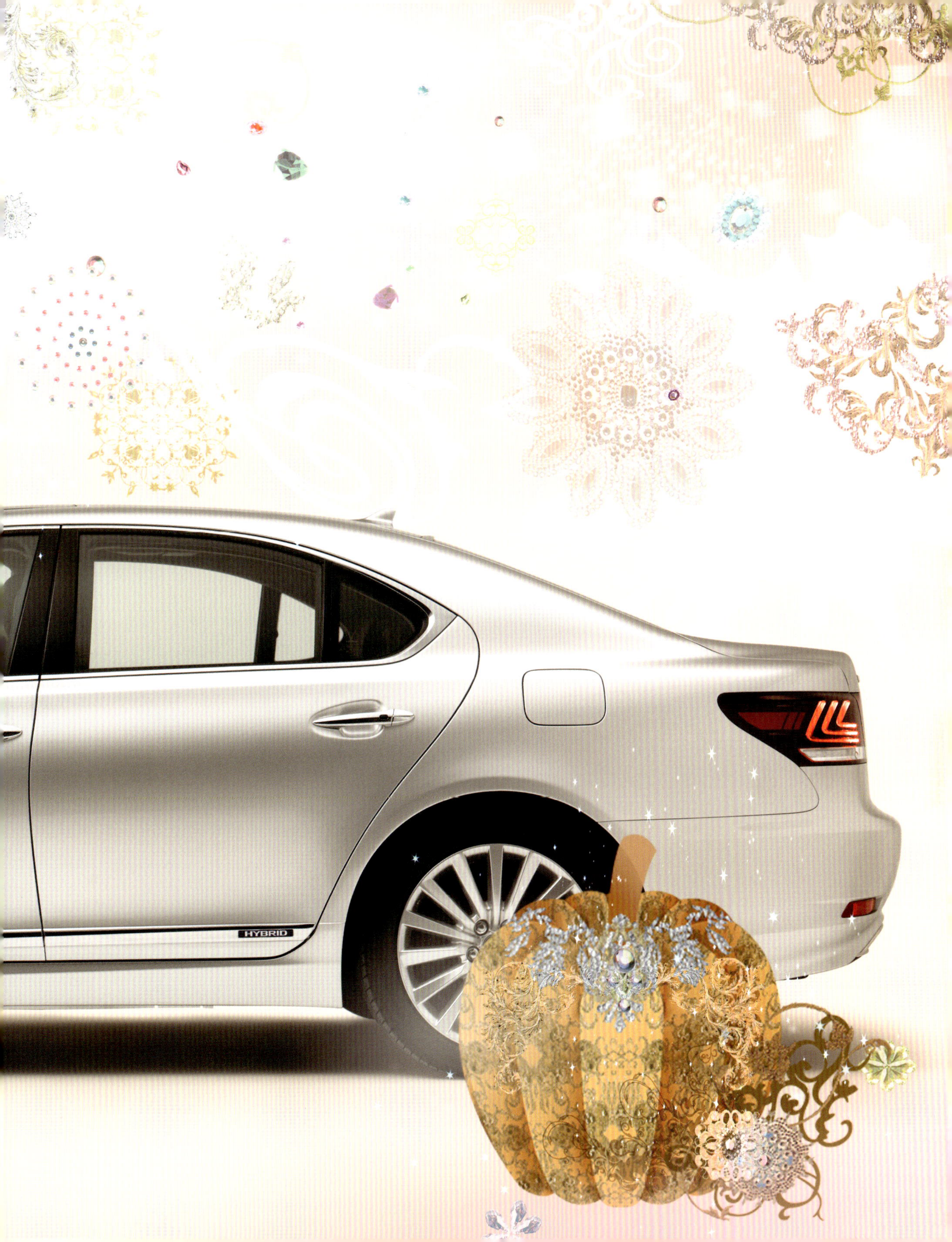
HYBRID

P156-159
Lexus LS × 清川あさみ「A Modern Fairy Tale」

清川がモデルとアートワークを担当。テーマは強くて美しい現代のシンデレラ。清川自身がモデルとなり自らに魔法をかけ、カボチャの馬車ならぬLexus LSでお城へ…というストーリーにそってシンデレラのファンタジーな世界観をオシャレに表現。
雑誌『VOGUE JAPAN』（コンデナスト・ジャパン）2013年3月号掲載 / CL：レクサス / M, AD, AW：清川あさみ / P：皆川 聡 / Hair：河田富広 / Make：赤間直幸 / ST：広田 聡 / エディター：廣瀬純子 / 2013年

LS600h

洗たく用洗剤
つめかえ用
25th Anniversary
清川あさみ
デザイン
アタック Neo
洗たく用洗剤
セレブローズの香り
320g
KAO
アタック Neo
洗たく用洗剤
セレブローズの香り
KAO

161

Designed by Asami Kiyokawa
アタック
Attack
Kao
Brilliant Blossom
ブリリアントブロッサムの香り
950 g
洗たく用洗剤

洗たく用洗剤
つめかえ用
今、最も輝く女性アーティスト
清川あさみ
デザイン
アタックNeo
Attack
洗たく用洗剤
Brilliant Garden
ブリリアントガーデンの香り
320g
Kao
アタックNeo
Attack
洗たく用洗剤
Brilliant Garden
ブリリアントガーデンの香り
Kao

P160-161, P164
花王アタック
清川あさみデザイン限定パッケージ（ゴールド）

1987年発売以来のロングセラー商品「アタック」が2012年に25周年を迎えた記念として、輝く女性を応援する「Love Woman's Project」を展開。プロジェクトの集大成として限定パッケージのデザインを手がけた。パッと目を引くアイキャッチがありながらシンプルさを損なわない洗練されたデザイン。多くの女性が憧れる魔法の言葉"セレブ"を冠した「セレブローズの香り」は、清川自身がネーミング。白を基調としたゴールドに清潔感あふれるカラフルな刺繍を施した上品なデザイン、さらにホログラムを使用し、"キラキラ感"も表現。すべての"輝く女性"に届けたいという思いがたっぷり詰まったパッケージだ。
雑誌『Casa BRUTUS』（マガジンハウス）2012年12月号掲載 / P：宮原夢画 / ST：長山智美 / AD, AW：清川あさみ / D：藤田二郎（FJD）/ 2012年

P162-164
花王アタック
清川あさみデザイン限定パッケージ第2弾
（ピンク、グリーン）

2013年春の新生活応援キャンペーンとして発売された清川あさみデザインの限定パッケージ第2弾。春の新生活をテーマに再びデザインを担当した。甘く華やいだピンクと新芽を思わせるグリーン2色をメインカラーに展開。海外で使用されているレトロでポップなデザインの「Attack」英字ロゴを使用した。第1弾の上質で洗練された雰囲気のデザインとはひと味違う、あえてレトロ感のあるロゴを生かすことで、刺繍の風合いともマッチした、あたたかく親しみのあるデザインに仕上がった。
雑誌『Casa BRUTUS』（マガジンハウス）2013年3月号掲載 / P：結城剛太 / ST：長山智美 / AD, AW：清川あさみ / D：藤田二郎（FJD）/ 2013年

Stitch Story 5　　**Book**　ブック

永遠。よりも長いラブレター
絵 消川あさみ 文 伊藤ちひろ 監修 松岡公一

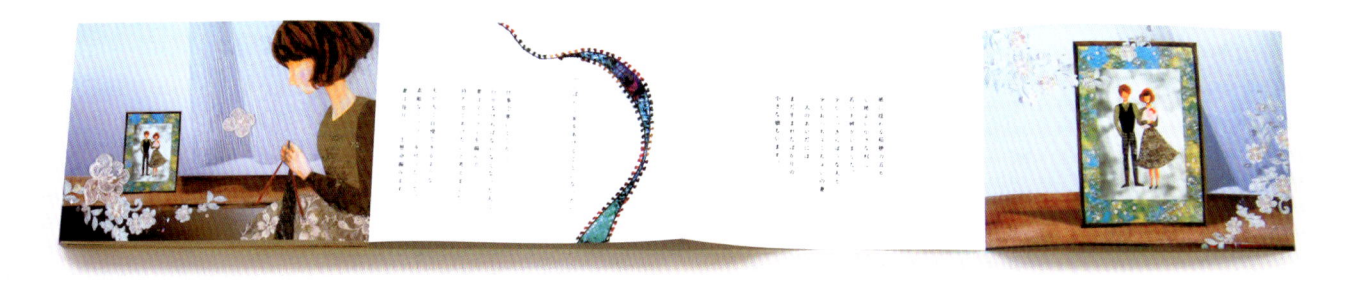

P166-169
絵本『永遠よりも長いラブレター』

構想約1年半をかけて練られた絵本と音楽と朗読のスペシャル・コラボレーション企画。石丸幹二のミニ・アルバムに美しい絵本が添えられた。清川が「名なき星になる日まで〜別れの曲」に着想を得てビジュアル・アートを手がけ、映画「世界の中心で、愛をさけぶ」の伊藤ちひろが物語を書き下ろした。今、大切な人に伝えたい素敵な愛のお話。
AD, AW, I：清川あさみ／物語：伊藤ちひろ／歌・朗読：石丸幹二／提供：ソニー・ミュージックジャパンインターナショナル／2011年
全62ページ、蛇腹仕様

168

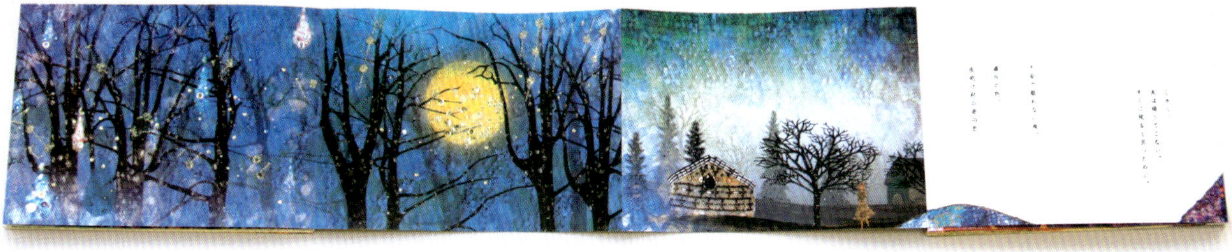

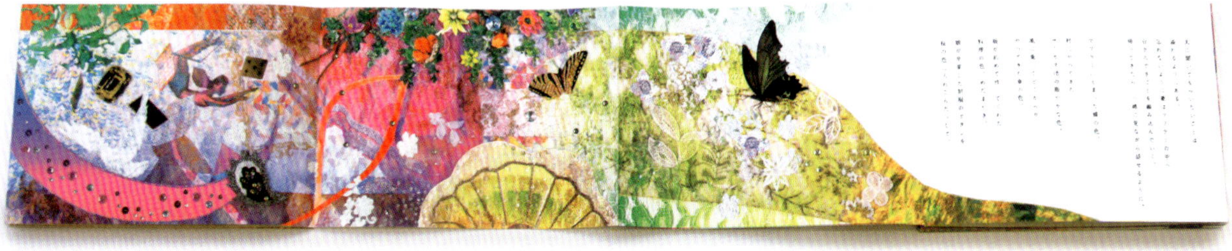

絵本『もうひとつの場所』(リトルモア) より
「冬ごもり」

――かつてどこかで生きていた、今もどこかに生きている、強く儚い、動植物たちが集うファンタジア――。
リトルモア絵本シリーズ『幸せな王子』『人魚姫』『銀河鉄道の夜』に続く『もうひとつの場所』は〈絶滅・絶滅危惧種〉がテーマ。この世にはもういないすでに絶滅してしまった、または絶滅の危機にある生き物――。昆虫・動物・植物にいたるあらゆる生き物たち230種が、刺繍やビーズ、独特の色彩感覚によるアートワークで綴られ、熱い生命を吹き込まれた姿を現す。こんな景色があったのかと、思わず想いを馳せてしまう美しくて哀しい〈絶滅・絶滅危惧種〉の壮大な物語。今までに見たことのない「地球でもっとも美しい、絶滅図鑑」は渾身の絵本作品。
絵:清川あさみ / 監修:今泉忠明 / 文:網倉俊旨 / 2011年

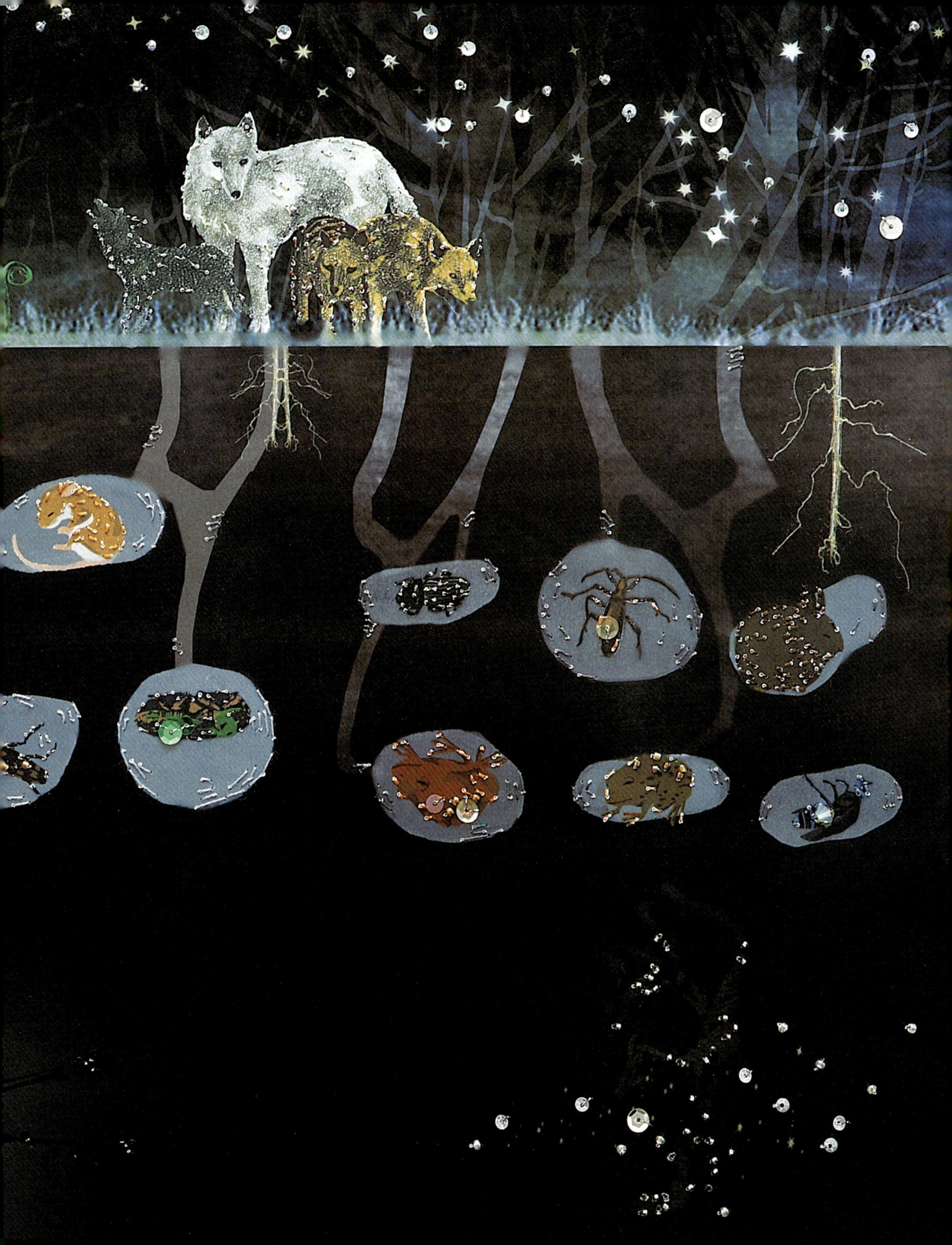

絵本『もうひとつの場所』(リトルモア) より
「蝶類」

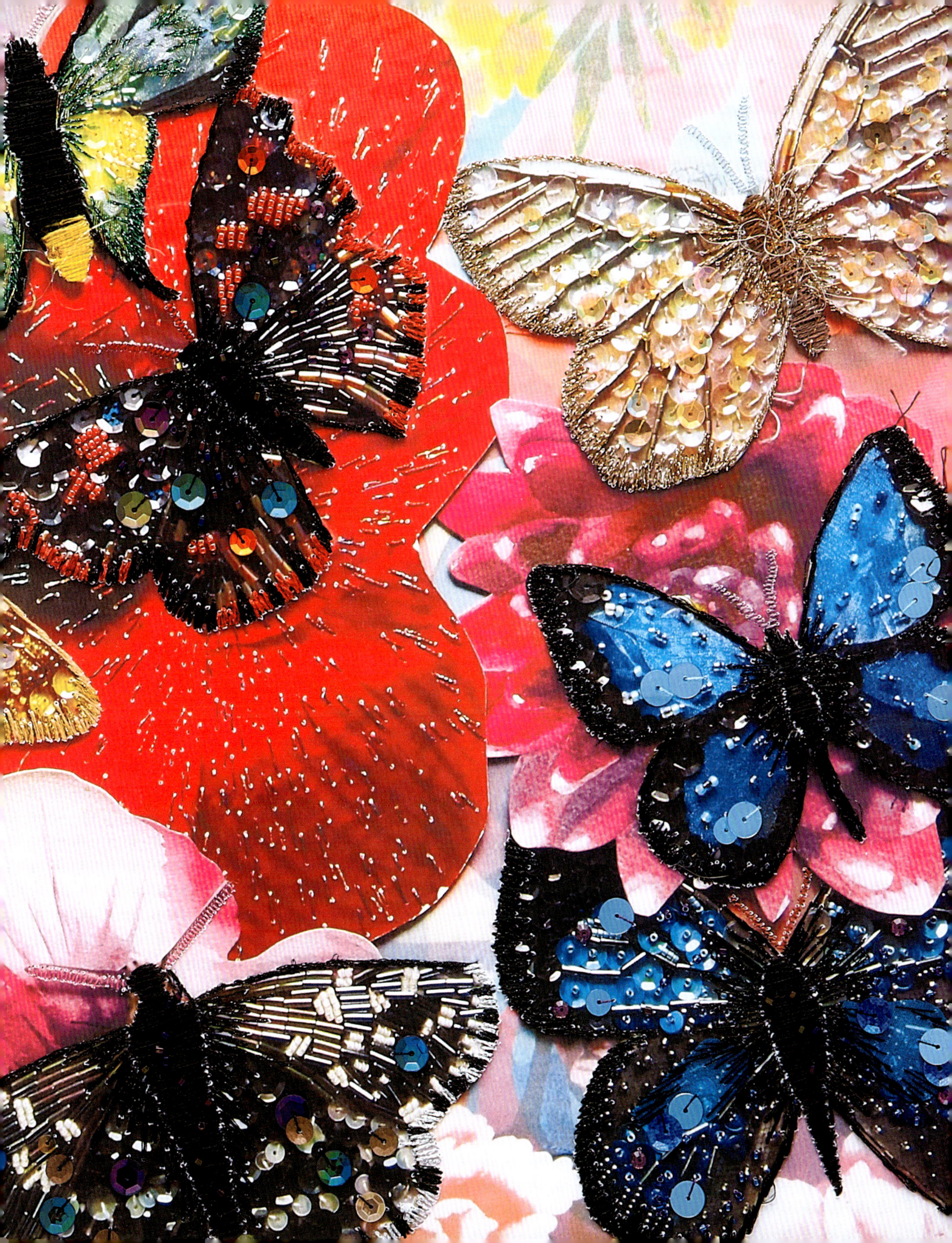

絵本『もうひとつの場所』(リトルモア) より
「クアッガの最期」

※ クアッガ…南アフリカの草原に住んでいた頭から
胴の前半分だけに縞があるシマウマ

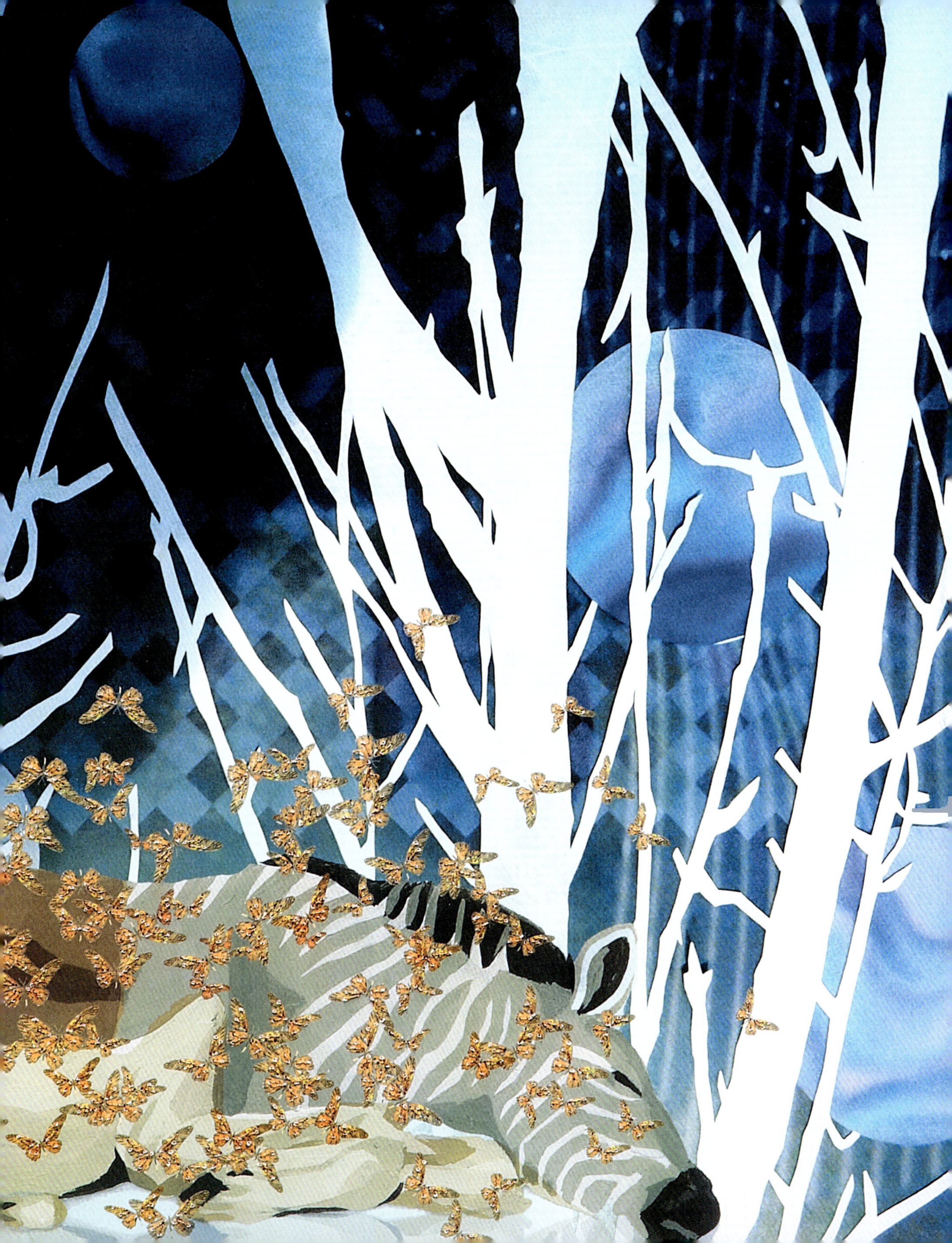

絵本『グスコーブドリの伝記』(リトルモア) より
「蛾」

宮沢賢治がイーハトーブと名づけた故郷・岩手。その地をおそう自然の猛威に立ち向かうブドリの一生涯が描かれる。たくさんの家族が楽しく暮らせるように…そう願うブドリの想い。この物語は、ひとりの小さな勇気あふれる男の子ブドリが立派に成長していくお話。自然というものは最も美しく、最も厳しいということを教えてくれる。イーハトーブの森と幻想的な美しい日本の風景を、愛に溢れるブドリとともに表現した。
作：宮沢賢治 / 絵：清川あさみ / 撮影協力：四方あゆみ (ROOSTER) / 2012 年

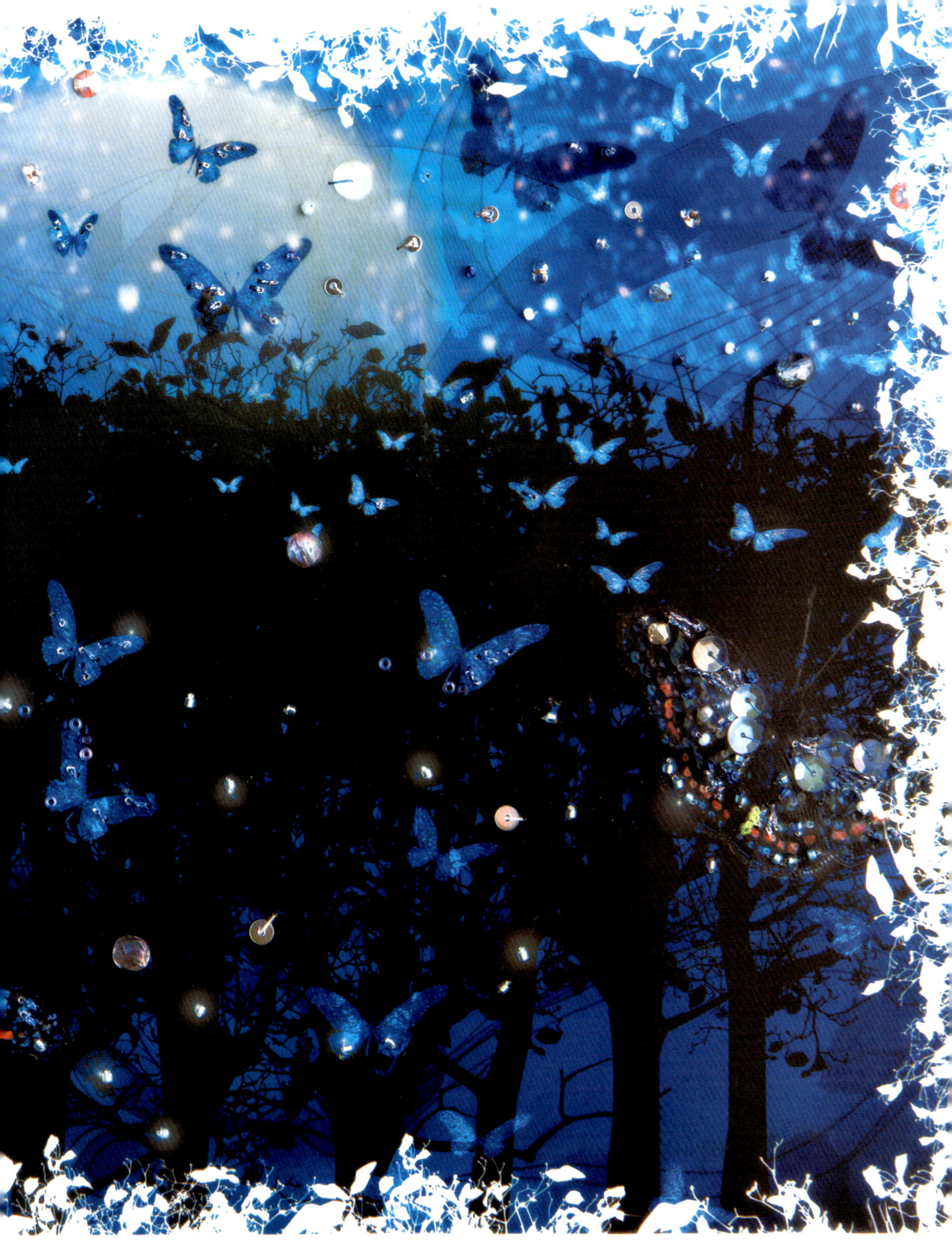

絵本『グスコーブドリの伝記』(リトルモア) より
「火山」

絵本『グスコーブドリの伝記』(リトルモア) より
「馬」

P180-181
絵本『こども部屋のアリス』(リトルモア) より
「涙の池」

『こども部屋のアリス』は『不思議の国のアリス』の作者ルイス・キャロルがこどもたちのためにやさしく書き直した作品。だれもが知っている世界の名作を清川ならではの世界観で表現、人形たちを用いた初の3Dで制作した原画は今までにない独特でファンタジー感溢れる不思議の世界をつくり出している。場面ごとに変化するアリスの衣装も見どころのひとつ。
作：ルイス・キャロル／訳：金原瑞人／絵：清川あさみ／P：新津保建秀／撮影協力（デジタルオペレーション）：羽立 孝 (uto) ／ 2013 年

P182-183
絵本『こども部屋のアリス』(リトルモア) より
「めちゃくちゃティーパーティ」

P184-185
絵本『こども部屋のアリス』(リトルモア) より
「トランプの嵐」

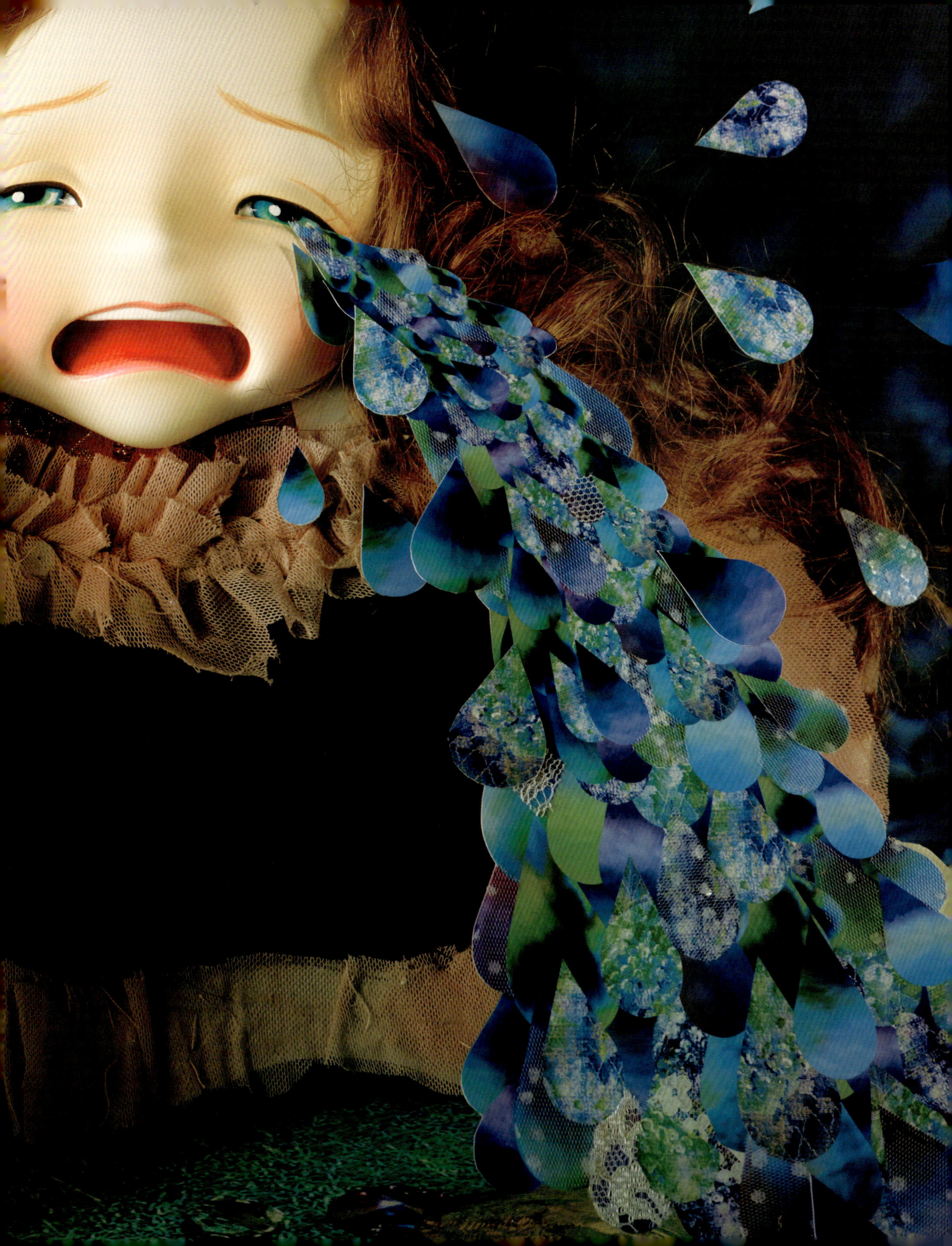

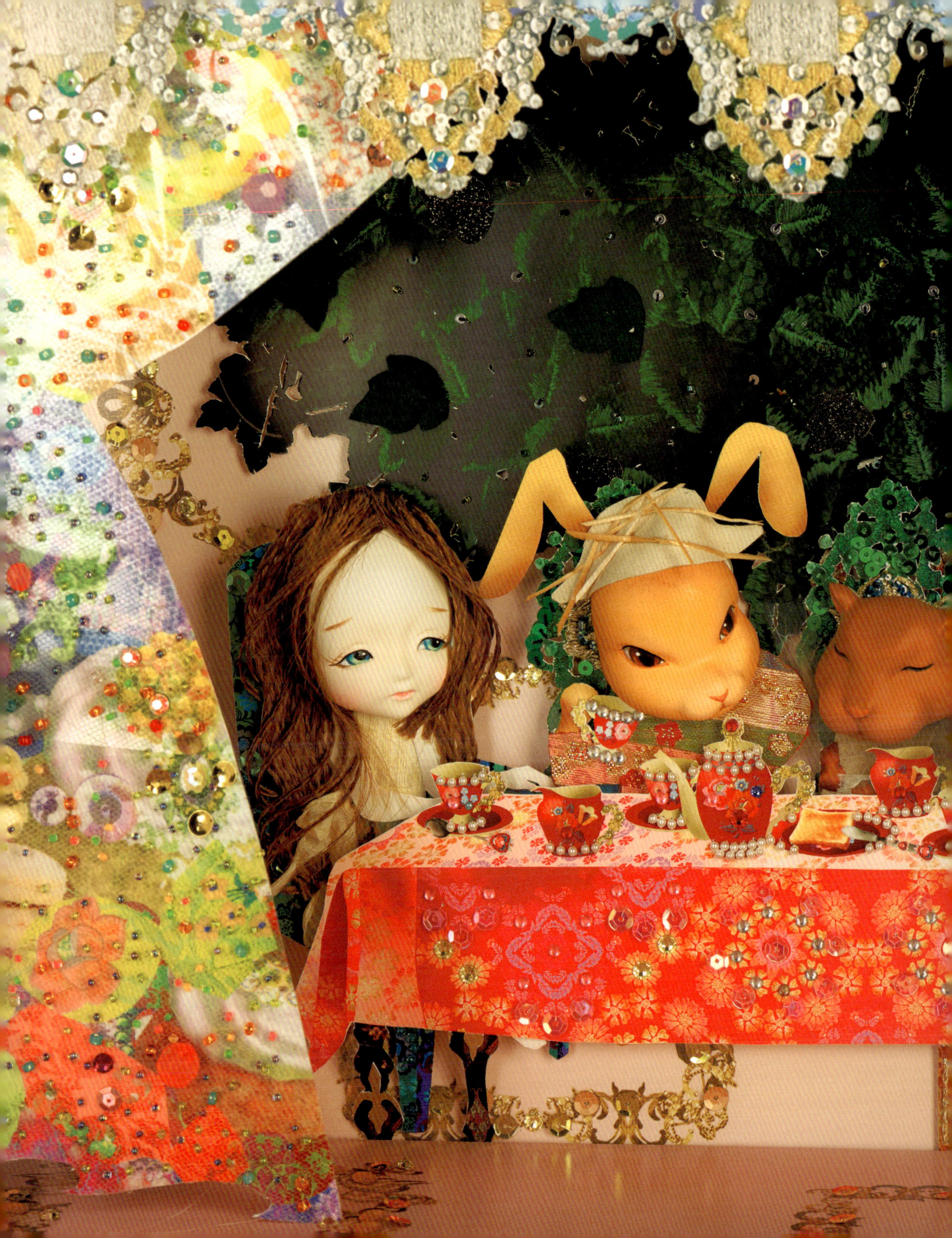

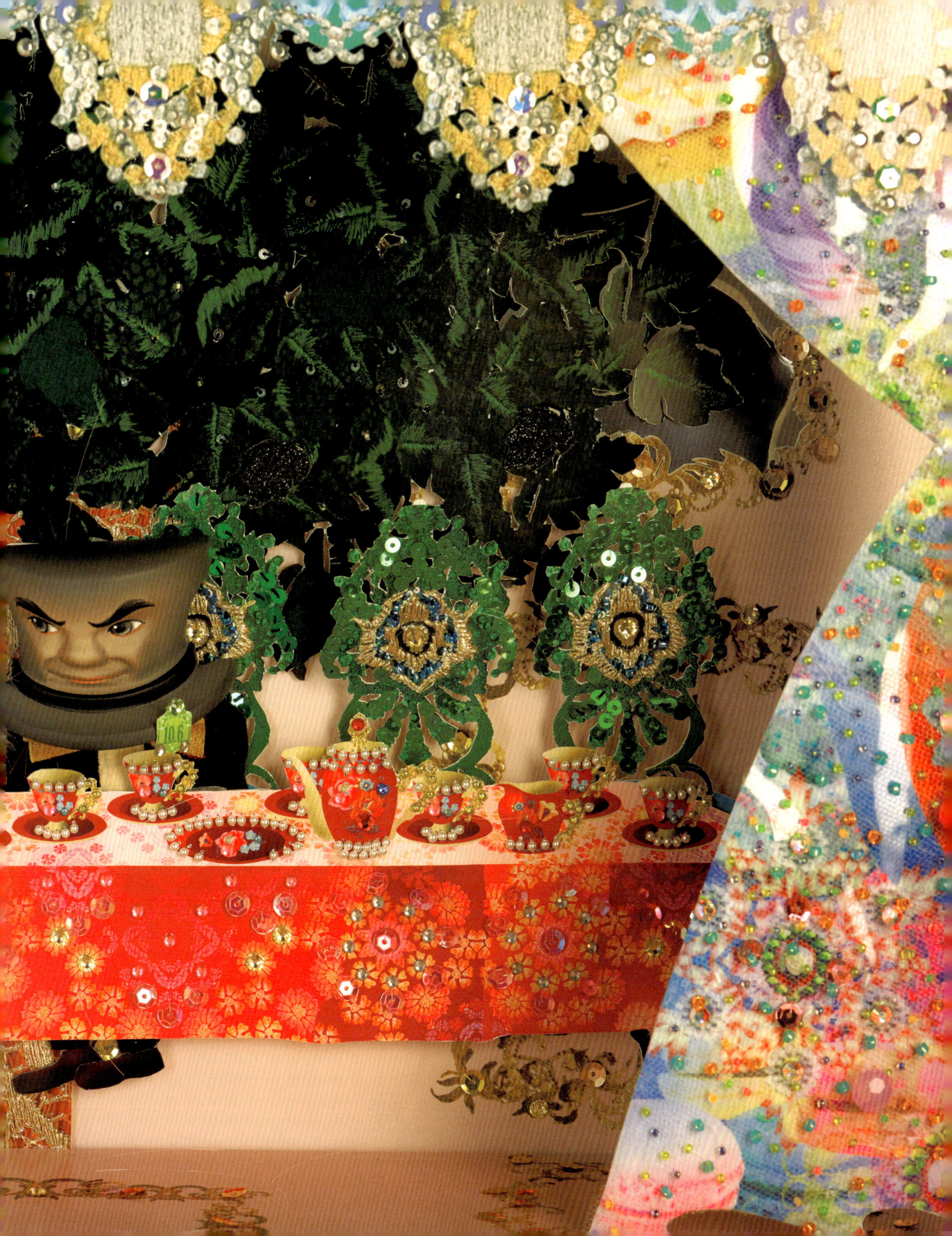
10.6

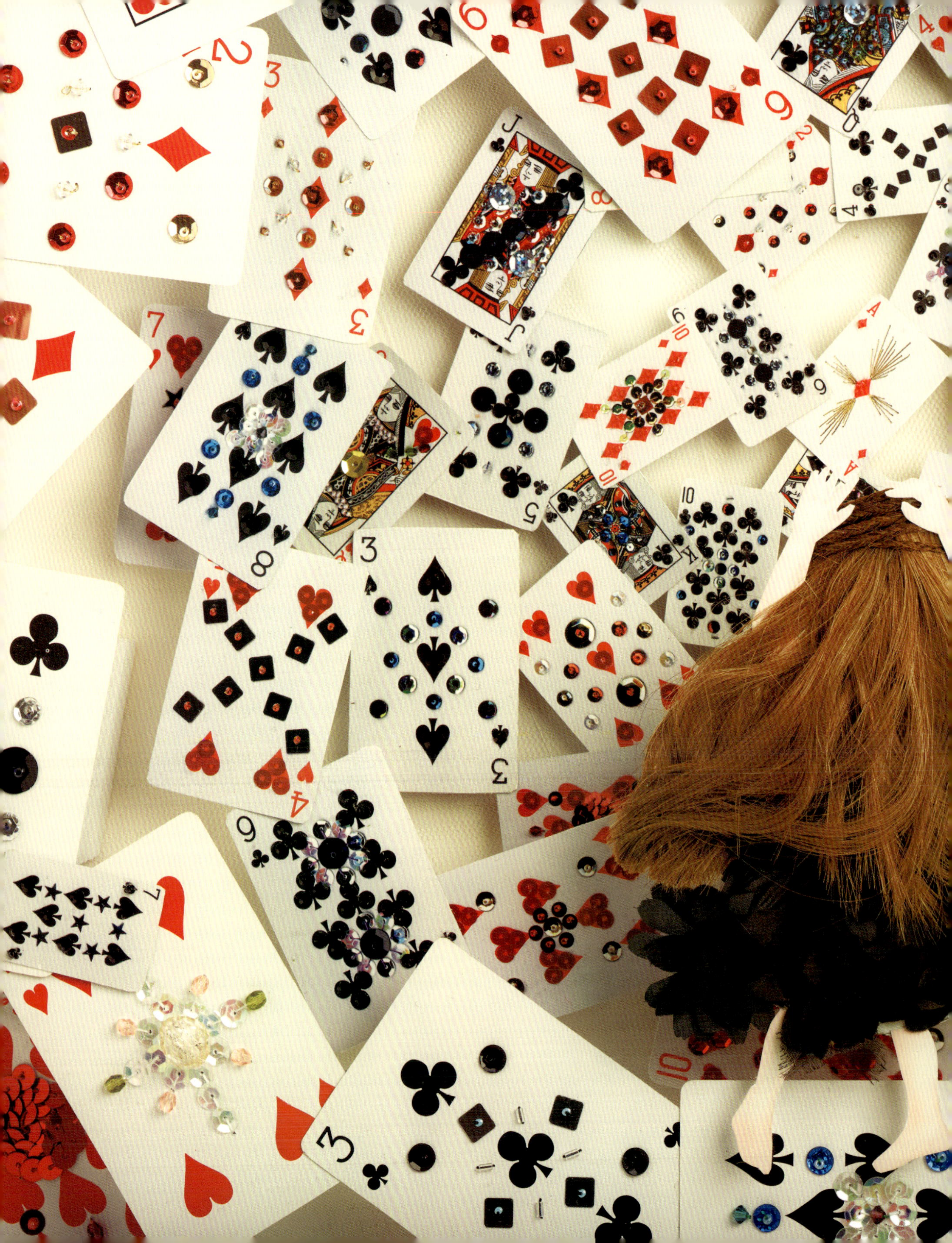

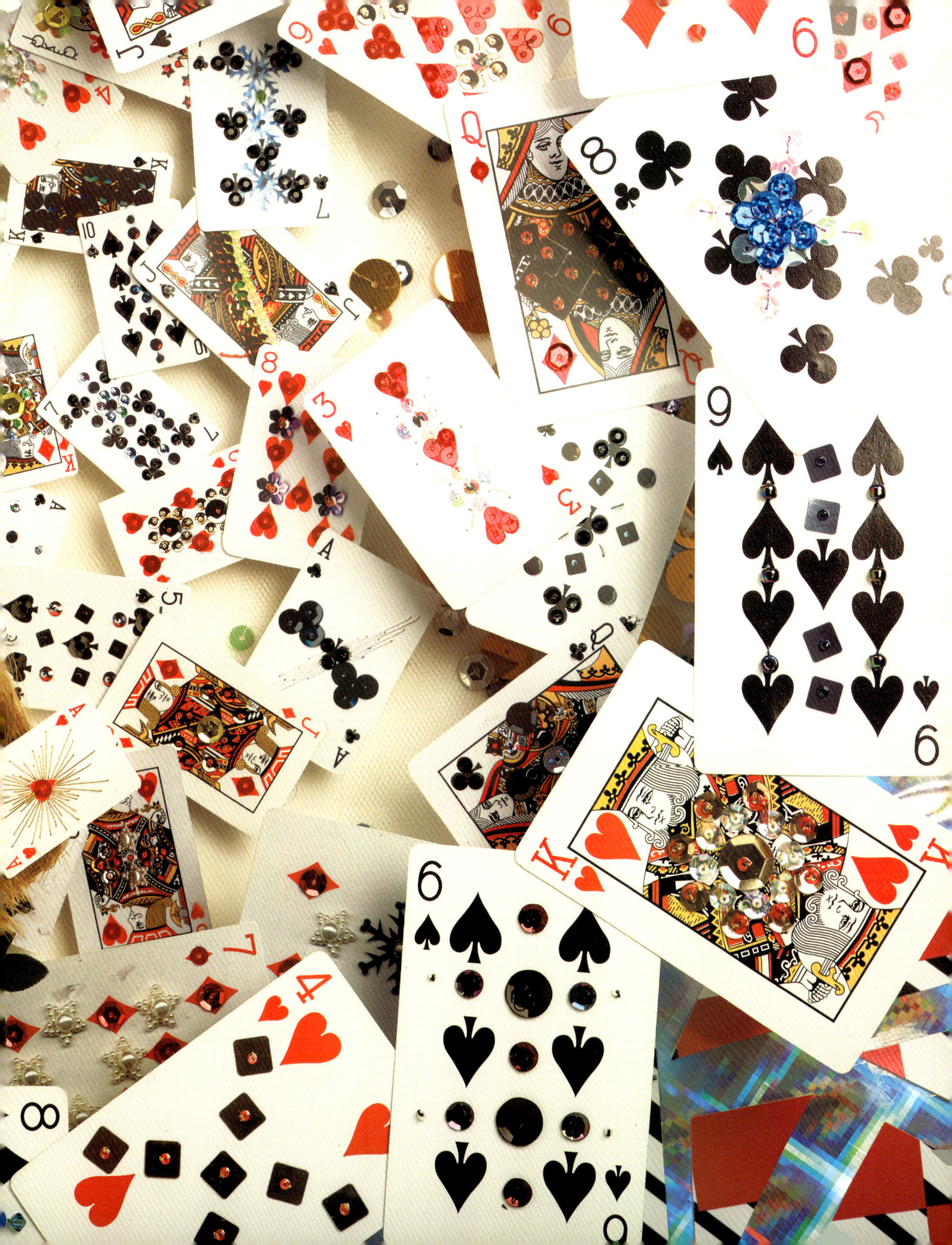

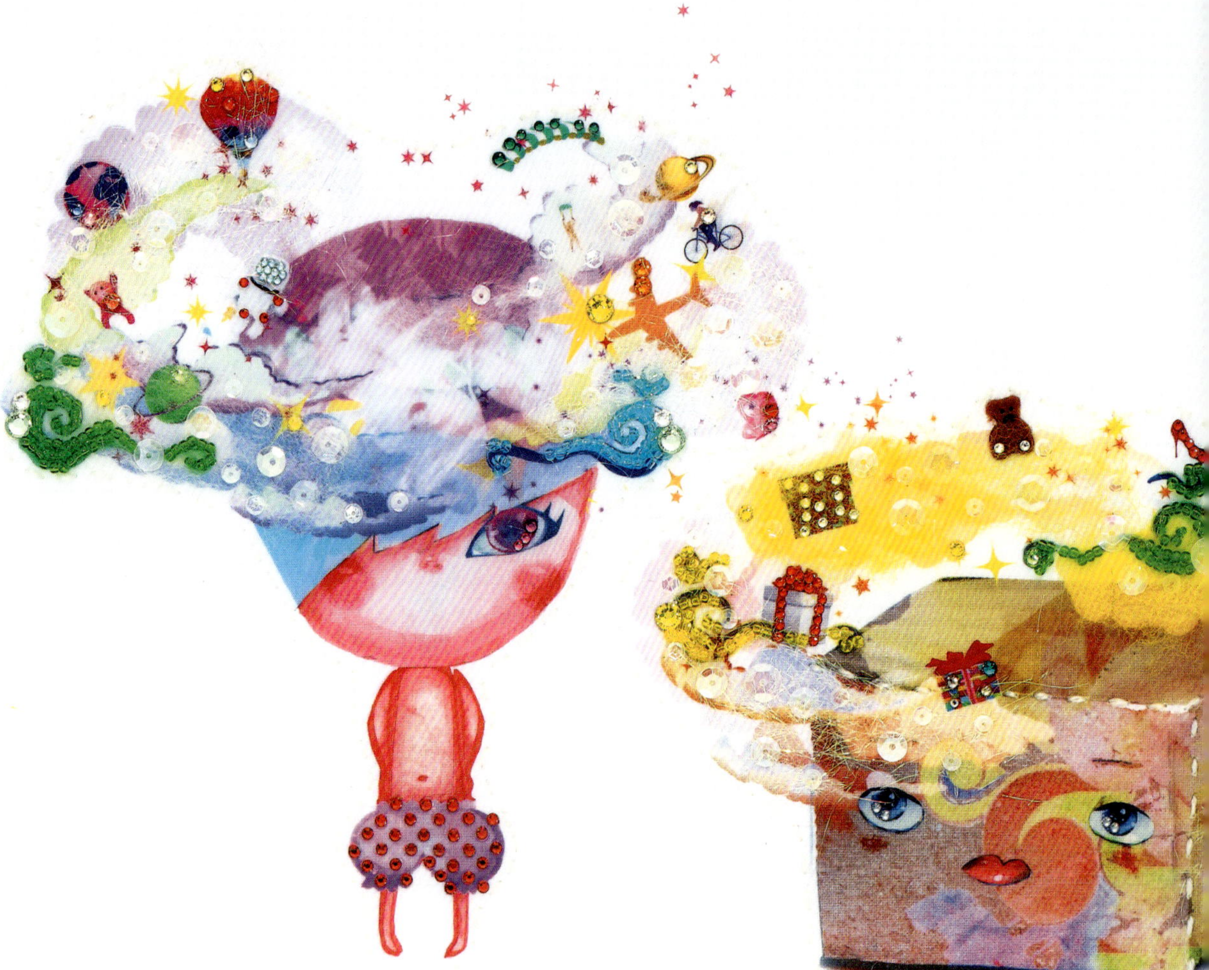

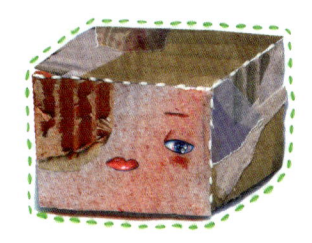

絵本『ココちゃんとダンボールちゃん』（リトルモア）

19歳の頃にはじめて描いた処女作をリメイクした絵本。「ココにいるよ」という意味あいの「ココちゃん」と、シュールで天然なキャラクター「ダンボールちゃん」のとってもかわいくてシンプルだけど、深いお話。感情によって頭の色が変わるツンデレのココちゃんと、やさしくて哀愁ただようダンボールちゃん。がんばっていればきっと運命の人や、自分の居場所が見つかるかもしれない、そんな気持ちになれる1冊。
著者：清川あさみ / 作品撮影：sono（bean）/ 2013年

たくさんいるとおもってるひとがいる

そのひとたちもかみさまのいえをつくる

P188-193
あかちゃんから絵本シリーズ「かみさまはいる いない?」(クレヨンハウス)

詩人・谷川俊太郎との初のコラボレーションであるあかちゃんから絵本シリーズ。こどもの頃に好きだった怪獣を描いてほめられたことを思い出し、「もう1度描いてみよう」と、巻物のように長い紙に好きなものを並べて描いていった。文と絵をそれぞれが同時進行でつくり「いっせーのー」で見せ合ったら、文と絵がぴったんこだった。そんな不思議な制作秘話のある絵本は、びっくりするようなことばや発想で溢れている。
文:谷川俊太郎 / 絵:清川あさみ / 2012年

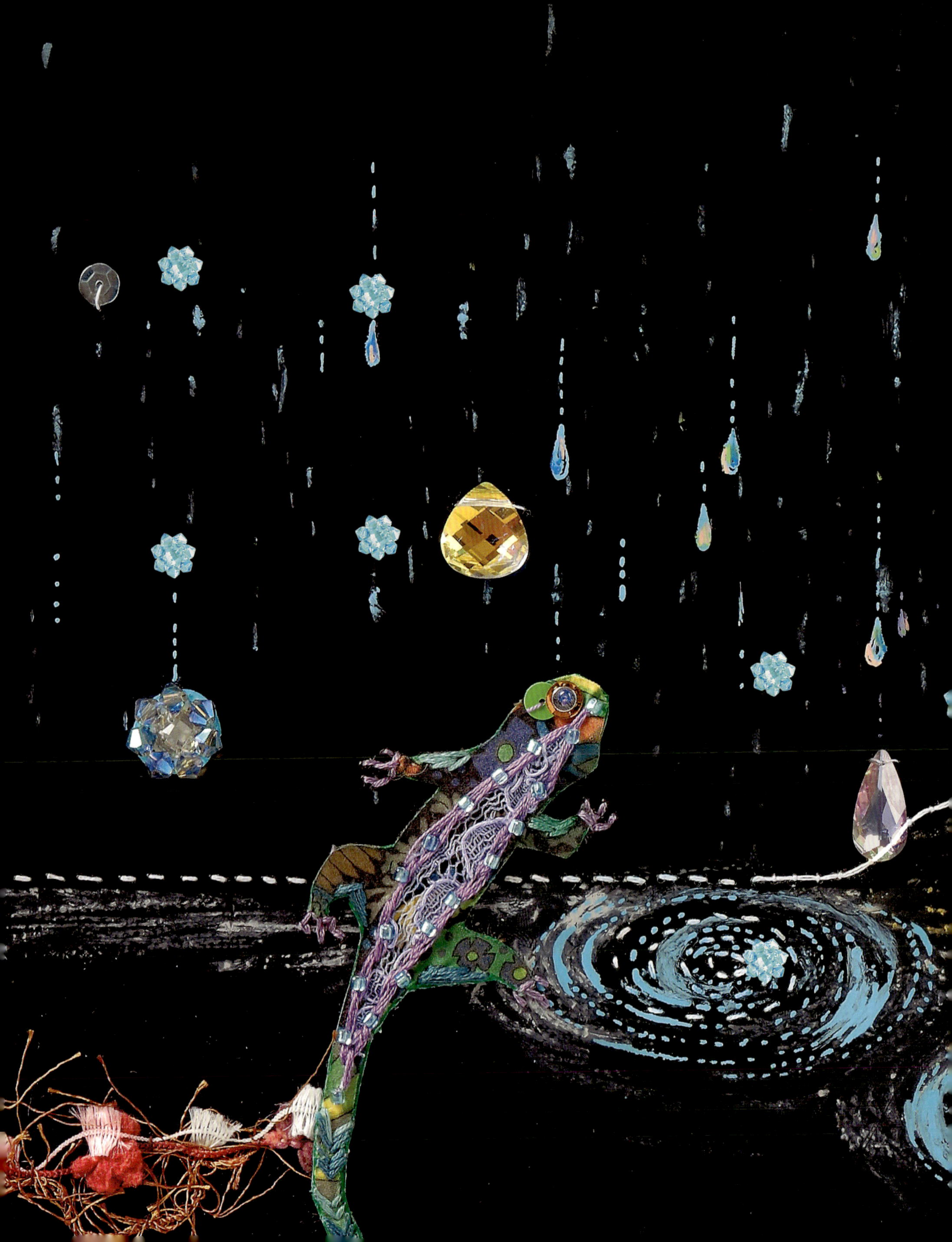

かみさまがにんげんをつくったのか

せかいをこんなにゆたかにおりあげて
もうすることがないのだろうか

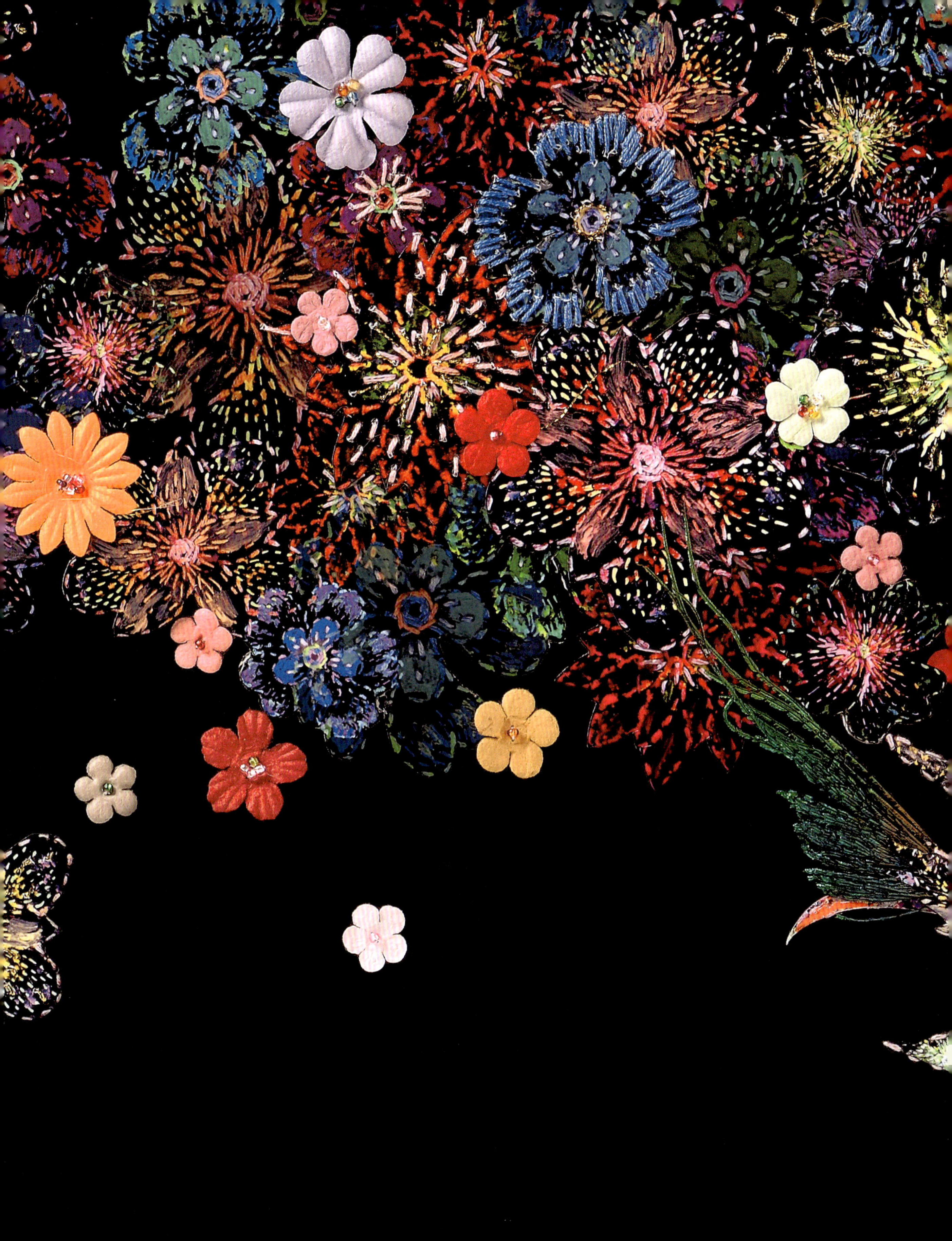

双葉文庫『贖罪』(双葉社) 装画

物語のテーマは「コンプレックス」。コンプレックスを抱え、十字架を背負わされたまま成長した女の子たちに降りかかる、悲劇の連鎖…。湊かなえの独特の世界観を清川なりに表現。
著者：湊 かなえ / 装画：清川あさみ / 2012 年

書籍『サファイア』（角川春樹事務所）装画
見てる人が「これは何だ？ 何が言いたいのか？」と思わせるようなデザインにしたいと思い立ち、女性と宝石の話――女性のいい部分もコンプレックスもすべてが物語になっているので、女性のヌードを装画に採用した。美しいモデルのものではない一般の人の鎖骨の微妙なゆがみが見る人にさらなる感情を植えつける。
著者：湊 かなえ ／ Ｐ：宮原夢画 ／ 装画：清川あさみ ／ 2012 年

新潮文庫『男と点と線』(新潮社) 装画

大人にしか、分からない世界がある。上海、NY、東京、ワールドエンド…。今もどこかで男女がくっつき、つながりあっている。地球規模の恋愛・関係小説。駅で清川自身が撮影したすれ違う男女の写真に色鮮やかな花のアートワークを施した。
著者：山崎ナオコーラ / 装画：清川あさみ / 2012年

Stitch Story 6　　Movie & Television　映画・テレビ

つやのよる

ある愛に関わった、女たちの物語

阿部 寛

小泉今日子　野波麻帆　風吹ジュン　真木よう子　忽那汐里　大竹しのぶ

羽場裕一　荻野目慶子／岸谷五朗・渡辺いっけい／永山絢斗／奥田瑛二／田畑智子

原作：井上荒野『つやのよる』(新潮文庫刊)　脚本：伊藤ちひろ　行定 勲　監督：行定 勲
音楽：coba　主題歌：「ま、いいや」クレイジーケンバンド

1.26 [土] 全国ロードショー
www.tsuya-yoru.jp

謎の女"艶"に翻弄される男と女たちの、センセーショナルな愛の物語。
すべての女性へ贈る、新しい愛のカタチ——2013年、愛の常識が変わる。

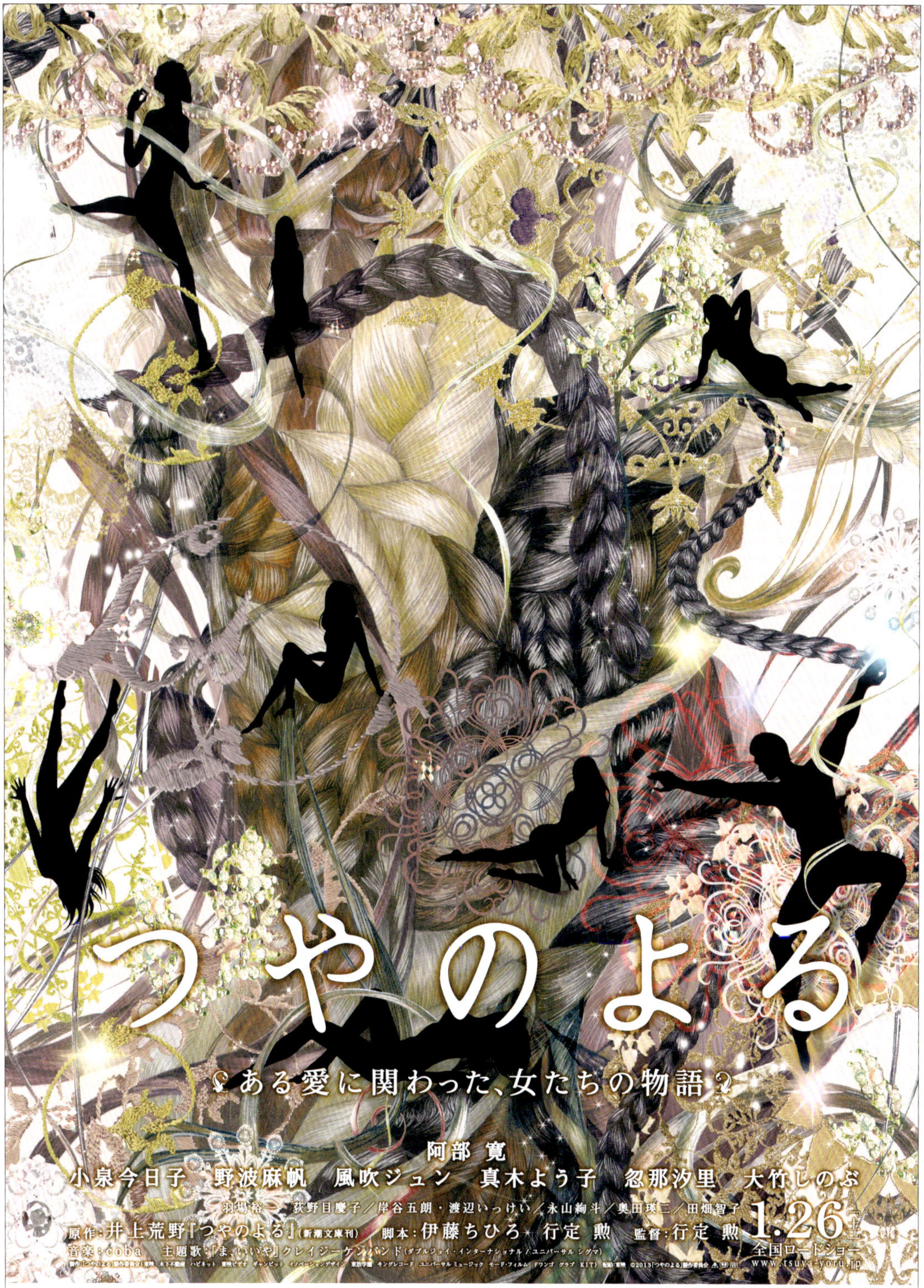

美しい刺激に彩られた、センセーショナルな愛の物語。

P198-200
映画「つやのよる ある愛に関わった、女たちの物語」広告

恋愛映画に定評のある行定勲監督による話題作。約5か月かけて制作されたポスターは、箱の中へ標本のように収められたキャストたちが淡いピンク・白・ゴールドのモチーフで彩られた。刺繍の繊細な質感が、映画の登場人物たちが織り成す人間関係の機微を暗示している。行定監督とキャストのコラボレーションはもちろん、映画のコンセプトが1番興味のある"大人の恋愛の物語"だったことにやりがいを感じ、箱を用いた撮影方法で、迷いや孤独感を持ちながらも、強く生きていく前向きな姿を表現した。
©2013「つやのよる」製作委員会
CL：東映 / M：阿部 寛、小泉今日子、野波麻帆、風吹ジュン、真木よう子、忽那汐里、大竹しのぶ / P：杉山芳明 / H&M：赤間直幸 / ST, AD, AW：清川あさみ / D：奥村香奈 / 2012年

P201
映画「つやのよる ある愛に関わった、女たちの物語」広告イラスト

美しいけどダークなイラストバージョンのポスター・ビジュアル。謎の女、艶（つや）に翻弄され振り回される男女を、艶の髪に絡まっていく人たちをイメージして制作した。
AD, AW, I：清川あさみ / 2012年

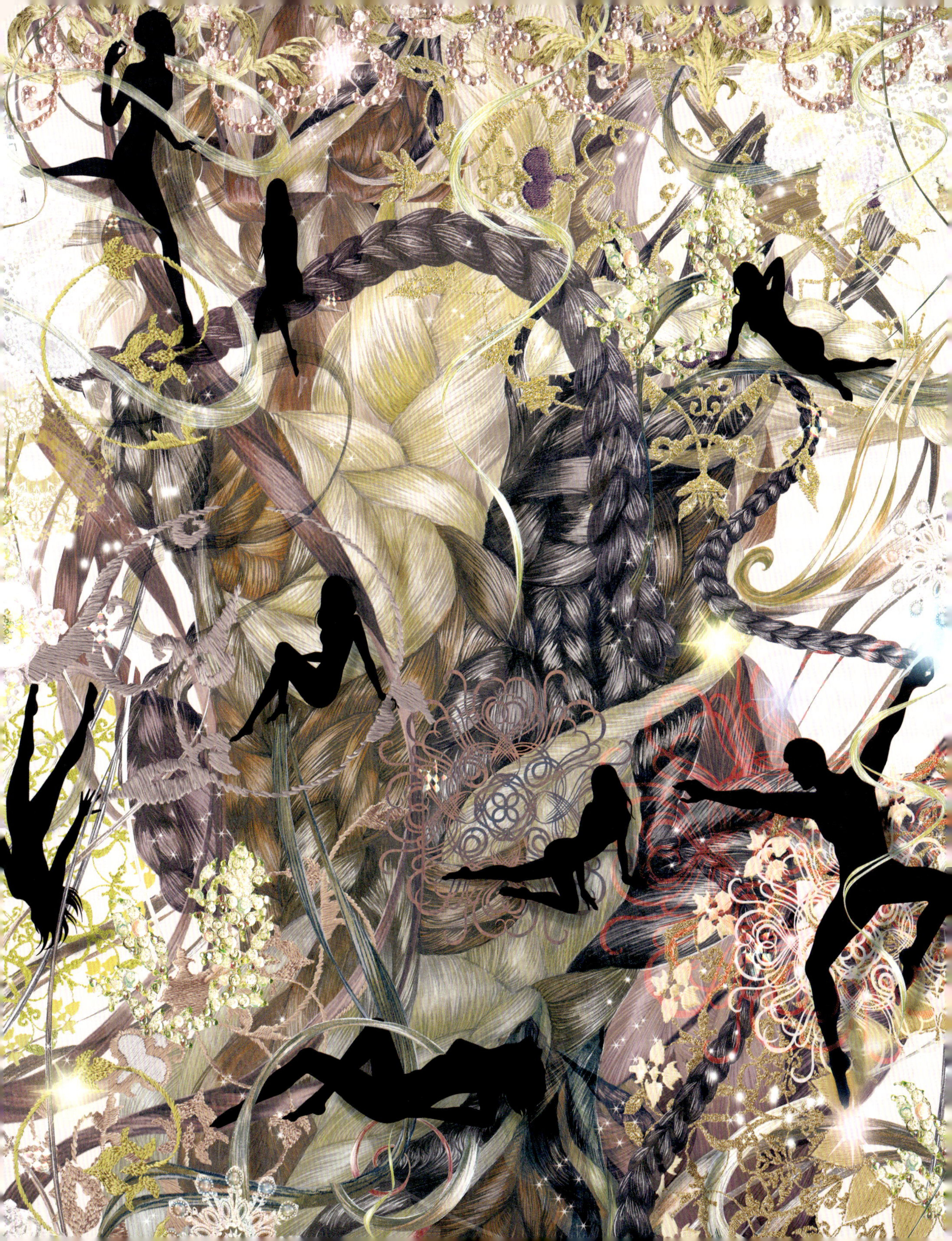

高校入試

©フジテレビジョン

脚本 湊かなえ

NHK
信頼、見ごたえ、公共放送

ドラマ10
ガラスの家

作 大石 静　音楽 都倉俊一
主題歌 「さよなら」西野カナ

総合テレビ 毎週火曜 よる10時 9月3日(火)スタート(全9話)
出演 井川遥　斎藤工　永山絢斗／梅舟惟永／菊池桃子／片岡愛之助／藤本隆宏
アートディレクション 清川あさみ

P202-203
フジテレビドラマ「高校入試」ポスター

湊かなえと長澤まさみの 2 人がタッグを組んだことで話題を呼んだフジテレビのドラマ「高校入試」のポスターデザイン。"入試"を舞台に巻き起こるさまざまな事件。「正義とは何だ？」そして、「入試という戦場の表と裏」をコンセプトに、どんどん予期せぬ方向に展開していくスピード感と長澤まさみの何とも言えない心情を表現したビジュアルに仕上げた。
CL：フジテレビジョン / M：長澤まさみ / P：YASUNARI KIKUMA / AD, AW：清川あさみ / 脚本：湊 かなえ / 2012 年

P204
NHK ドラマ 10「ガラスの家」ポスター

『セカンドバージン』で、現代女性の新しい生き方を力強く書き上げ話題を巻き起こした大石静が、さらに美しく逞しい女性像をオリジナルで描く話題のドラマ「ガラスの家」のポスタービジュアル。主演の井川遥のふだんとは違った緊張感と透明感を美しく表現した。
CL：NHK / M：井川 遥 / P：宮原夢画 / H：西村浩一 / M：伊藤貞文（SIGNO）/ ST：田中雅美 / AD, AW：清川あさみ / 脚本：大石 静 / 2013 年

P205
SHISEIDO presents
「エコの作法 〜明日の美しい生き方へ〜」タイトルデザイン

日本人の育んできた「美の心」の視点から、日本で暮し日本を愛する外国人ナビゲーターが"エコ"を探求する番組。和モダンで美しく清潔感のあるデザインを意識した。
CL：ビーエス朝日、資生堂 / AD, AW, LD：清川あさみ / 2011 年

恋なんて贅沢が
私に落ちて
くるのだろうか？

© フジテレビジョン

CS放送フジテレビTWO ドラマ
「恋なんて贅沢が私に落ちてくるのだろうか？」メインビジュアル

第6回日本ラブストーリー大賞を受賞した小説のドラマ化。主人公は25歳で恋愛経験ゼロの、モテない女性・宝池青子。恋も仕事も一生懸命なのに事態はいつも思わぬ展開になり四苦八苦する。ため息をつきながらも、転んでも立ち上がって、まっすぐに現実と向き合っていく20代後半の独身女性・青子の日常を、リアルに、ユーモラスにちょっぴり切なく描いた、等身大の恋愛ストーリー。清川は青子の部屋の空間プロデュースやドラマのメインビジュアルなどアートディレクターとして幅広く参加し、青子のユルユルな姿と、独特の感性、世界観を見事に構築した。
CL：フジテレビジョン ／ M：佐々木 希 ／ P：四方あゆみ（ROOSTER）／ ST：新崎みのり ／ AD, AW：清川あさみ ／ 2012年

劇場アニメ「ハル」キービジュアル

牧原亮太郎×木皿泉×咲坂伊緒の異色タッグの劇場中編アニメーション「ハル」。事故で最愛のハルを失ったくるみとハルの代わりとなるロボハル。ロボットと人が心通わす奇跡を描いた、号泣必至の近未来ラブストーリー。舞台は近未来の京都。劇中に出てくる京都にあるたくさんのあたたかい小物たちをイメージしてハルとくるみ、2人のかわいらしい日常を表現。物語のキーとなるさまざまなアイテムも散りばめられている。
（キービジュアル）AD, AW：清川あさみ ／ LD：川谷デザイン ／ レイアウト：牧原亮太郎 ／ キャラクター作画：咲坂伊緒
（映画）監督：牧原亮太郎 ／ 脚本：木皿 泉 ／ キャラクター原案：咲坂伊緒 ／ 制作：WIT STUDIO ／ 配給：松竹 ／ 製作：「ハル」製作委員会（松竹、ポニーキャニオン、プロダクション I.G）／ 2013年
オリジナル劇場中編アニメーション「ハル」Blu-ray・DVD 豪華版 好評発売中［初回限定 Blu-ray 豪華版］品番：PCXE.50326 ／ 価格：7,800円＋税　［初回限定 DVD 豪華版］品番：PCBE.54406 ／ 価格：6,800円＋税　［通常版 DVD］品番：PCBE.54207 ／ 価格：2,800円＋税

Stitch Story 7 Himitsu ひみつ

対談 1

Daisuke Tsuda × Asami Kiyokawa
津田 大介　　清川 あさみ

P：永野雅子 ／ 文：鈴木久美子

右脳と左脳を両面持った
発信型のアーティスト

清川　みんなが知っている津田さんは、ツイッターで有名になった人物と思われていますけれど、実際の活動内容を教えてもらえますか？

津田　実はここ数年、名刺に肩書を書くのをやめているんです。本業はもの書きなんだけれど、小さな会社をつくってウェブサービスもやっていたり。つい最近、メディア芸術祭で新人賞をいただいたばかりなんですよ。

清川　新人賞なんてすごい！

津田　石巻でソーシャルビジネスを立ち上げたり、社会運動もやっていて自分では「メディア・アクティビスト」と呼んでいます。ほかに大学の客員教授や有料メルマガの発信をしたり、テレビに出たり。いよいよ本業は何なんだという（笑）。

清川　津田さんって、もうそれだけで「津田大介」という信頼がおける情報発信地としてのブランドができている気がします。はじめてご一緒したのは、NHKラジオ番組の「すっぴん」でしたよね。

津田　僕がパーソナリティーを務めているラジオ番組のゲストとして清川さんに来ていただいたんですが、ラジオ番組といってもゆるいんですよね。

清川　津田さんのインタビューはすごく上手で、さすがだと思いました。「ここを聞いてほしい」という視点がずれていない。独自の視点で聞いてくださるので、とても話しやすかったですよ。

津田　実際にお会いする前、僕は一方的に作品を通して清川さんを知っていたんですが、感覚的につくられているのかな？と思っていました。話してみて感じたのは、感覚的につくっている部分ととても勉強家で理性的に研究している部分を持ち合わせていること。左脳と右脳がバランスよく同居していて、より両面性を感じましたね。

清川　それ、「まさに見抜かれている！」と思ったんですよ。〈美女採集〉は実は左脳的な考えも働いていて、というのは自分の欲望で装飾している部分もありつつ、「でも女の子ってきらきらしたものが好きだよね」という一歩引いたスタンスで手がけている。感覚の部分と、計算の部分が両方あって、でもあまり理解されない。だから「すごい」って思いました。

津田　〈男糸〉の中でいちばん印象的だったのが、隈研吾さんの作品（P38）。建築で使われているような素材やモチーフを使いつつ、清川さんの感覚が生きている。清川さんらしい作品だと思いました。

清川　すごい嬉しい！この〈男糸〉について、男性から見てどう思われました？添えた文章は女性視点でやわらかめに書いているんですけど。

津田　面白かったですね。作品をつくるにあたって勉強や研究していることをあえて表に出さない人もいますが、清川さんはそれじゃないのが、素敵だなと思いました。僕はアートや写真に詳しいわけじゃないけれど、清川さんの作品は、まさにオリジナルですよね。つくっているときは何十時間も没頭していると思うのですが、そういうときは情報をインプットせずに吐き出す作業がずっと続くわけですよね？

清川　つくっているときはひたすら辛いんです。私、実は飽き症で、同じ場所にずっといられないんですよ。ふわふ

わいろんな所に行って、いろんな情報を見るのが大好きな自分と、「ここまでやったらみんなびっくりするかな？」と根気強い自分と両方あって。分かる人には分かる、という作品をつくりたくないし、どちらかといえばみんなに分かってほしいと思うタイプなんです。

津田 その、みんなに分かってほしいというのが、刺繍糸を使ったり、写真を使っている部分だと思うんですよね。いろんな影響を受けているでしょうけれど、そのままではなく、「刺繍で表現していく」という自分の世界を確立していて、それが普遍的になっているんじゃないかって気がします。

清川 確かにそうですね。最近は何をつくっても、刺繍が入っていなくても「清川さんっぽいよね」と言われるのがすごく嬉しくて。私の場合、作品をつくるという内側の世界もやりつつ、いろんなジャンルで外側へ発信もしているんですけど、津田さんも発信していますよね？ 今の若者って、そういう発信力が弱い気がしますがどうでしょう？

津田 今は尖ったことを言うと叩かれるじゃないですか。そこが怖くてよくも悪くも賢くなってきている気がします。僕の大学ではみんな授業に出てくるんですけれど、発言する子がいない。でも直接コミュニケーションをとるとちゃんと返ってくる。思っていることを外に出して世界を広げることに臆病になっている。外部から「出してみて」と促してあげるのが必要なんだと思います。

清川 津田さんも発信することで自分のポジションを築き上げてきたと思うんですけど、今の若者はどうなんだろう？「どうしたらポジションを確立できるんですか？」って聞かれません？

津田 学生には「大学生のうちに会いたい人に会いなさい」と言っています。「言葉使いは正しく、でも生意気になって聞いてみなさい」と。清川さんは「教える」ことに興味があるんですか？

清川 そういう機会はいただくんですけど…。あんまり学校が好きじゃなかったので。

津田 僕は逆に好きでしたね。先生に恵まれていて、高校が大好きでした。制服も校則も一切なくて、フリースクールみたいな、大学みたいな自由さがありました。

清川 自由って大切。高校のときは私、ほんと自由でした。前髪ピンクだり（笑）。ファッションは自分をポジティブに変えてくれる鎧でしたから。そんな風にしていたら、まわりの女の子がファンになってくれて、卒業後は文化服装学院に通いながら読者モデルになって。以前、NHKの番組、「ようこそ先輩」に出たんですけど、あれっていいですよね。

津田 僕も出ました。よかったですよね。清川さんは何の授業をやったんですか？

清川 私の授業は写真と刺繍でした。生徒さんがシャイでほとんど話さなくて、2日目に「人の後ろ姿」というテーマを出したんです。後ろ姿が語るオーラを写真で表現するみたいな。そしたらみんな積極的になって。自分でイメージして写真を撮ってコラージュしていく。自由に考える力って本当に大切。

津田 僕はツイッターを教えました。言いにくい言葉もネットなら言いやすい。最初は将来の夢とかみんな超現実的だったのに、徐々に本音を言い出して。最後の5分なんか、感動的に編集されていました。そういうのって大切ですよね。僕がもの書きになったのは、高校の先生が背中を押してくれたことがきっかけでしたから。

清川 私はおとなしかったので、作品をメッセージとして使っていこうと思っていました。最近は話せるようになりましたし、前に出られるようになったら、どんどん広がっていきましたね。

津田 言葉と作品が一緒になっていくと、もっと広がるんじゃないかな。

清川 津田さんが最初に私の作品を気に入ってくださったのは、フジテレビの番組「ニューデザインパラダイス」で展示した〈のれん〉でしたよね。私、実は裁縫がきらいなんです。手法として刺繍をしているのですが、本当にやりたいのは、ひとつの新しい発想で日常を華やかにしたり、イメージを変えていくことだから。

津田 〈男糸〉を見ても細やかでとてもつくり込まれているのに、まがまがしさがない。どこか軽やかなのが魅力です。

清川 コンセプトを考えるときがいちばん楽しいんです。作業しているときはマラソンのようなもの。〈美女採集〉は、「女の子が見る女の子」というコンセプトをつけたときからいけると思いました。女性しかできない仕事なんです。

津田 清川さんの立ち位置って、その視点かもしれない。何かを見てコンセプトを決める。そして、コンセプトを固めるために勉強もする。ジャーナリストにも向いているかもしれないですよ。

清川 嬉しい！ 私、基本的に自分と違う人を尊敬するんです。その人の形跡や性質を見るのが好き。津田さんはそうとう民主的で根深いロックなところがカッコいい。バランス感覚がよくて表にも影にもなれる。貴重な人だと思いました。

津田大介　Daisuke Tsuda
メディア・アクティビスト、ジャーナリスト。「ネオローグ」代表。シンポジウム取材の際、いち早くツイッターで参加者の声をリアルタイムに取り入れるなどSNSの第一人者。http://tsuda.ru/

対談 2

Kaho Minami × Asami Kiyokawa
南 果歩　　清川 あさみ

きらきらしたものをつくりつつ
闇の部分も描く想像力

P：CHENCHE KAI（SEPT）/ H&M：黒田啓蔵（Three Peace、南 果歩分）/
ST：中井綾子（南 果歩分）/ 文：鈴木久美子

南　あさみちゃんのイメージって、作品を受け取った人によって変わってくるよね。「清川あさみ」像って、見た人によって違う。〈美女採集〉を見た人は「アーティストとコラボするきらびやかな世界の人」ってイメージだろうけれど、私は絵本とか、銀座で見たアリス展（P98-100）みたいな世界観もすごく好き。一般的には「清川あさみ＝きらきら・ふりふり・カラフル」のイメージかもしれないけれど、闇の部分というか、例えば裸電球から傘がおりていて、そこからスーッと明かりがさしてその外側にある暗闇の部分の想像力がすごい。きらきらだけじゃない、心の奥底にある「闇の部分」を表現している人だなって思う。

清川　そう言われるとすごく嬉しい。でも、多分見てくれている人って、それとは全然違う。

南　きらきらだって、ひとつの魅力。人を癒すし、パワーをチャージさせてくれるし。でも、表裏一体になっているというか、裏側にある闇の部分を持ちつつ、きらきらを表現しているのがすごい。

清川　すごい分かってる！

南　だから、あさみちゃんが朝型人間っていうのが信じられない。私のイメージでは人が寝静まった丑三つ時に、暗闇の世界で一針一針刺しているってイメージなの。でも実際は、健康的な生活を送っているじゃない？

清川　確かに「闇」と「健康的な生活」って結びつかないよね。

南　夜、一緒にご飯食べに行くと、「私、もう寝るから帰る。朝早いから」ってあっさり帰っちゃうでしょ。すごいそのギャップが面白い。

清川　「2軒目に行かない女」って言われてる（笑）。

南　1軒目でパワーを出し尽くすんだよね。

清川　そうそう。会った人とわーってパワーを交換したら帰っちゃう。同じ所にずっといると飽きちゃうから。私、すごい飽き症なの。果歩ちゃんもだよね。時間軸が似てる。なぜ仲良くなったかというと、果歩ちゃんって表現者でありつつも、つくり手でもあり、プロデューサーでもある。私はアーティスティックな人だけれど、果歩ちゃんは両方できちゃう人だと思う。

南　あさみちゃんだって同じだよ。作家であり、モデルでもある。モデルみたいに自分の肉体をさらけ出すって、痛みを伴うじゃない。その被写体の痛みを重々分かっていてつきあってくれるというのが、両方やっている人の強みなのかな。

清川　両方分かっちゃうんだよね…。果歩ちゃんって、感覚と理性、両方持っている人。

南　あさみちゃんだってそう。作品はものすごい感性でつき進んで生み出しているように見えるけれど、作業としてはとても緻密だもんね。その作業たるや、途方もない細かさ。

清川　それはそうだね。両方あるかも。私、仕事もバランスを気にするし、今っぽいか、今っぽくないかも気にしちゃう人。そういう意味では、果歩ちゃんの方がアーティスティック。

南　私、そういう意味では考えが足りないかも。感覚と計算があるって、あさみちゃん、両性具有なんだよ、感性が。

女面と男面がある。多分、〈美女採集〉をやっているときは、異性の目で見ているんじゃない。だからすごくうまくいく。女性が被写体のときは完全に男目線だよね。

清川 そう。でも女性として憧れられたいから、女目線でつくるけど、基本的には完全に男だと思う。

南 はじめてあさみちゃんとお仕事をご一緒したのは『FRaU』の撮影だったんだけど、最初びっくりしちゃった。小学校のときから使っているような工作バサミを片手に、私が衣装を着たままの状態でじょきじょきとカットしていくんだもん。すごいカッコよかった。迷いがないっていうか、一瞬で判断するというか、「使えるものは何でも使いますよ、私」というところが男っぽい。工作バサミを持った姿に惚れちゃいましたね。

清川 モノは何でもいいの。丁寧にやる部分と、男っぽくやる部分とあって。「採集する」というのが目的で、女性から見ても憧れるような作品にしたいのと、プラス男性が見たときに「この子をお嫁さんにしたいな」と思わせるような。両方の面から見られるのが〈美女採集〉だから。色気の部分もあからさまではなく、日本人独特の隠す色気が好きだから、清楚な方がいいなと思う。

南 分かる。目に映らないその先にあるものって、想像力を掻き立てるから。それが「ひみつ」だよね。

清川 自分でも、いつも妄想だけで生きていると思う。私にとっては、果歩ちゃんは女性として理想の人。ちゃんと苦労もしてるけれど、それを耕して、きれいに後処理してる。苦労すると折れたままの人が多いけれど、ちゃんと自分で耕して戻って来る。だから内側も外側もきれいだし、そういう人ってなかなかいない。

南 嬉しいな。確かに、転んでも何か握って帰ってくるタイプ。その一方で自分が歩いた道の後には、きれいな花が咲いていてほしいとも思っている。

清川 それが全部伝わってくるし、仕事にしてもプライベートでもできている。完璧なのにすごい少女の部分も持っているよね。普通、男に負けないくらい強くなる人生か、お嫁にいったらゴールみたいに感じちゃう人生。

南 そういうふたつにひとつを選ぶ人生って危ないかもしれないね。どちらか二者択一じゃなく、一方を選んでもそこには枝葉がいっぱいあってもいいはず。仕事だけを最優先するとか、恋愛だけを最優先するとか、そんな一本道だと人生が楽しくならないでしょ。あさみちゃんみたいに仕事もこなして恋愛もいっぱいやって、そういうのってほんと素敵。家にこもる仕事だから、ともすると引き込もりがちになるけれど、かわいい洋服を着てアクセサリーつけて表に出ることによって、またいろんなものに出会う。家で創作するというシンプルな生活を送っていても、対外的にはすごく社交的。でも自分のタイムテーブルを大切にしていて、他人に惑わされないところが日本人離れしているよね。

清川 それはある。私、仕事で悩むことないのね。前に何かで悩んでいるときに、果歩ちゃんが「仕事は大丈夫だよ。ちゃんとやれば終わるから」って言ったことがあって、同じこと考えていると思った…。特に果歩ちゃんと通じるのは、いろいろ見えすぎちゃうこと。目をいっぱい持ってるもんね。

南 そう。耳もいっぱいついているから。聞こうと思っていないことも、聞こえてきちゃう。

清川 仕事ってやれば終わるけど、人間関係や恋愛ってゴールがないし、答えがない。どれが正解なのか分からないから、バランス取らなくちゃいけない。恋愛するたびにいろんな自分がいることに気づくから、恋愛って勉強になる。

南 恋愛をすることで、自分の中に眠っている自分を呼び覚まして欲しいんじゃない？ 対峙すると、その人によって映る自分が変わるから。合わせ鏡のようなもので、見つめ合う相手によって変わっていく。

清川 そうそう。だから相手によって自分のキャラクターが変わる。でも仕事はずっと変わらない。

南 ばっさばっさと切っていくから。

清川 果歩ちゃんは両方ほんとにできる人。奇跡のバランス！ 強いけれど、強過ぎず。男の人から見たら守ってあげたくなるような余白があるんだけれど、実際は自分で何でもできちゃう。それくらい強さがあるのも才能。

南 多分、人と比べないから。他人との比較で自分を見ないし、自分の人生は自分の感覚と思考回路で決めている。それは8歳くらいから変わらない。

清川 果歩ちゃんを見てると、強い人って本当にきれいなんだなって思う。

南 ありがとう。あさみちゃんは外からの刺激を自分流にアレンジして、これからもっともっと大きくなっていくんだろうな。自分の中から湧いてくるものだけじゃなくて、人やモノやさまざまないいものに出会ってコラボしながら、「清川あさみカラー」をもっと豊かにしていくのだろうと思いますね。

南 果歩　Kaho Minami
女優。兵庫県出身。1984年、桐朋学園在学中に映画「伽倻子のために」でデビュー。著書に『眠るまえに、お話ふたつ』『瞬間幸福』。映画・ドラマ・舞台にと多岐に渡り活躍。

南 果歩衣装．ワンピース ¥75,000（ポール カ / ナイツブリッジ・インターナショナル 03-5798-7265)、シルバー × ウッドバングル ¥12,200・シルバー × ゴールドブレス ¥6,400・イヤリング ¥5,200（以上3点 ソメニウム 03-3614-1102)、ゴールドリング ¥160,000（ヴァンドーム青山 / ヴァンドーム青山プルミエール 伊勢丹新宿店 03-3350-4314)、シルバーリング ¥22,000（ケンゴ クマ プラス マウ / ヴァンドームヤマダ 03-3470-4061）

対談3

Motohiro Fukuoka & Koji Sakabe × Asami Kiyokawa

福岡元啓　　坂部康二　　清川 あさみ

P：永野雅子（写真左：福岡元啓、右：坂部康二）

必ず想像を裏切ってくれる。
そして常に新しい扉を開いてくれる

福岡　「情熱大陸」の取材をしていて印象深かったのは、坂部さんが清川さんを観察してるんだけど、清川さんはテーブルの奥の方で作業をしながらクスリと笑ってるんですよ。密着した人って「大体この人はこういう感じ」と分かるシーンがあるのですが、清川さんは魔女的だなと思いました。

清川　私、前世は魔女らしいんですよ（笑）。

坂部　取材の時って、敵対するわけじゃないけれど、その人に取り込まれないようにと思って臨むのですが、まー、振り返ればすべて清川さんの手のひらの上で転がされてたかな（笑）。何を撮るか相談しつつこちらから要望も出すけれど、なぜかすべてが仕組まれてるというか、巻き込み力というか。

清川　故意に巻き込んでいるのではなく、単に自分が興味を持った相手に対する集中力がすごいんだと思います。坂部さん自身がとても面白い人だし、つくり手としても最初から信用があって。

坂部　最初は「大丈夫かな？」という目で見てましたよ（笑）？

清川　坂部さんはすごく不思議な雰囲気を持った人で、受け答えも不思議だし、その時点でもうワクワクがはじまっていました。取材相手によっては飽きちゃうこともあるけど、坂部さんはどこか違う所へ連れて行ってくれそうなオーラを感じました。

坂部　僕には連れて行く力はないけれど、清川さんに「連れて行かせる力」があるんじゃないんですか。せっかくの機会を無駄にしない。〈男糸〉も取材期間中に発想を得ていたんですよ。ある時、僕が後ろを向いたら「男の人にはぜんぜん興味がなかったんだけど、背中にヒントがあるのかも」と言い出して。その辺から発想を得ているあたりが取材ひとつも無駄にしない、結果として何かをそこから得ている。

清川　坂部さんを監督に選んだ福岡さんはすごいなと思います。ドキュメンタリーだけどある意味、化学反応が起ったと思う。

福岡　清川さんみたいな人は撮るのがすごく難しい。「流行」という箱の中に入ろうと思えば簡単に入れる。でもそれじゃ面白くない、じゃあどうする？　という中で、真面目な変質者である坂部さんが撮ればちょっといいのかなと思いました。

坂部　いやー、これで真面目な変質者じゃなかったら、今頃取り込まれて骨抜きになって廃業してる…。

清川　一度その人を尊敬すると、いろいろ分かるまで一緒にセッションします。まずその人を尊敬しないとこっちも自分を出せないし、自分を出してもすくってくれない人だ

ともったいないなと思っちゃう。あとは自分の作品を見せて、相手がどこを好きかでその人を見るかも。坂部さんは時代の感じとかオーラとか、人と違うところで見てる。

坂部　僕は〈コンプレックス〉シリーズを見て、時流に乗った表面的なことではないんだなと感じて安心感を持てた。どっぷり向き合おうという気持ちになりました。撮ってる最中強く感じたのは勝負の土俵が違うというか、男社会の中での勝ち負けで戦っていないところ。試合に負けても勝負に勝つ、という強さがあると思いました。

福岡　清川さんて勝負してるんですか？　これは最近の僕の中のテーマだから聞きたかったんです。

清川　ジャンルや肩書きをなくすために、師匠もなく大きな会社にも属さずオリジナルではじめました。幼少期にまわりと比べられすぎたから、比べられない世界を自分でつくりたいと思った。でも勝負は嫌いじゃないし「勝つ」という言葉もいいなと思ってる。今はチームで勝ちたいです。まだそれほどではないけど、ひとりでやる土俵ができてきて、ちゃんと作品が歩いていってくれてると思うんです。だから次はいろんなプロフェッショナルと協力して、チームで何か勝ってみたいという気持ちが大きくなってきました。

坂部　今の「情熱大陸」＝福岡さんと清川さんには見据えているものや相手にしているもの、「世の中」とか「大衆」といった共通項がちゃんと意識の中にあると思うのですが。

福岡　あるけど、すごく難しい。とても危ういところに立っている感じです。大衆迎合の間と「これを見て」という両方が意識としてあって、どちらかに転がるとバランスが崩れちゃう。でも、上から目線ですけど、一般の方々に「これを見た方がいいよ」という提案はし続けたいです。

清川　そのコメントそのものが「情熱大陸」ですね。だから「情熱大陸」が面白いんだと思います。両方が絶妙にある感じが。

福岡　アーティストさんて精神的に不安定な人が多く、そういう人の方がいいものをつくるという雰囲気もあるけど、でも清川さんはそうじゃなく健全ですよね。

清川　不安定なことをしてみようという時期はありました。でもプラスにならないし、結局自分が楽しいことをやりたいという気持ちが前に出てきちゃって。19、20歳の少女と大人の間の頃はどっちにいこうかと揺れましたけど。モデルの時、一度その時の自分に喝を入れたことがあります。ちやほやされて勘違いした頭を一度リセットしないと何が本当に大切か分からないと思ったから。勘違いって成長するためには大切だけど。

福岡　勘違いしたまま戻ってこない人もたくさんいる中、その若さですごいね。やっぱりそこが違うんだ。

坂部　それを経ての健全さだから、またそこが面白いんですかね。今後やりたいことは？

清川　映像はやってみたいな。

福岡　「どうくる？」という期待がないVTRはひじょうに残念だから、「あ、そうくるの!?」っていうのがいい。清川さんが一体どう刀を抜くのか期待しちゃいます。

坂部　清川さんが映像をやると聞いて多くの人が思い浮かべるものって何らかの共通項がありそうだけど、絶対それを裏切ってくれるだろうなと思います。いや、裏切ってくれると確信してます。清川さんは新しい扉を開いてくれますよね。気づかなかったけど、こっちに広がってたよ！　みたいな。

清川　あ、それ嬉しい！

坂部　「ひみつ」というと、「情熱大陸」の取材中にいろんな話は聞いているけれど、本当のひみつは何ひとつ知らされてない。むしろ、自分のひみつばかり暴かれているような見透かされ感がありました。出演のお願いをした時に「私、なかなか扉開かないですよ」という一言がすごく印象に残ってます。結局、扉はちら見せぐらいにしか開かなかった。

福岡　プライベートはどんな感じなんですか？

清川　ゆいです。好きな人には甘えるし、気分屋だし、人に何かしてあげることも好きだし。相手に合わせて全部変えます。カメレオンみたいに勝手に変わる。自分が楽しくいたいから、その人が楽しくなるために自然とそうなります。

福岡　アーティストさんてエゴイストが多いイメージなのにね。作品に関してはエゴを発揮するの？

清川　作品によります。発揮した方がいい場所なら発揮します。人やものによります。

福岡　「カメレオン」となると、「ひみつ」という意味で本当の自分ていますか？

清川　例えば好き嫌いがはっきりしてるから、いるのかな。

福岡　僕自身は本当の自分ていないと思ってるんです。本当の自分がいるとすると「私、本当はこうじゃないのに！」と自己嫌悪になったり息苦しくなっていくじゃない？　清川さんはそんなことはないから、その色のカメレオンも本当の自分だったりするのかな。

清川　その時を全部楽しみたい。それだけかもしれないですね。

福岡元啓　Motohiro Fukuoka
1998年MBS入社。報道局、バラエティ番組演出等を経て、2010年秋より「情熱大陸」プロデューサーを務める。

坂部康二　Koji Sakabe
東北新社ディレクター。「情熱大陸」などのドキュメンタリーを多く手がる。2007年公開の映画「NARA：奈良美智との旅記録」では多くの海外映画祭に招待された。

対談 4

Kanae Minato × Asami Kiyokawa
湊 かなえ　　清川 あさみ

P：CHENCHE KAI (SEPT) ／ 文：鈴木久美子

性別や居場所はどうでもいい。「清川あさみ」というアーティスト

清川　最初にお会いしたのは、水戸芸術館でのトークショーでしたよね。

湊　そうです。あの時、『サファイア』（P195）の装丁をお願いしていて。あさみさんとお仕事をご一緒するようになったのは、私からラブコールを送ったからなんですよね。週刊誌で初期の〈美女採集〉を見て、「この人スゴイ」と思いました。プロフィールに淡路島出身って書いてあって、今、私も淡路島に住んでいるんですよ。住んでいる時期は重なっていないけれど、同じものを見ていて、自分では絶対に出てこないものを表現できる人ってすごいなあと思って。いつか自分の装丁をお願いできないかなあと考えていました。それで、淡路島つながりで何とかお願いできないかと。

清川　プロデューサーを通してだったのですが、すでに相思相愛やったから。

湊　水戸で会った時、あさみさんがラフを3パターンくらい描いてきてくれた中に、「ぜったいこれこれ！」というのがあって。

清川　あれ、お話もらったったときにすぐに描いたんです。デザインを考えるときは、本を読み切らないのが私のやり方なんです。音楽を聴くみたいにふわっと読んで、自分の中で余白をつくる。どこをミステリアスにするかを考えて絵を描いていく。見ている人が「これは何だ？」と思わせるような。今回は「何が言いたいんやろ？ こんなヌードにトゲが刺さっていて、宝石なんかつけて」みたいな。女性のコンプレックスの話なのでヌードにしようと思ったんです。モデルさんではなく一般の方にお願いして、鎖骨のゆがみを表現しました。

湊　ラフで見たときと完成形ってやはり違いますね。私の場合、自分の仕事は物語を書くことなので、装丁などそこから一歩離れたところでは、ほぼ他のスタッフに丸投げしています。リクエストはするけれど、口を挟むことでその人のせっかくやろうとしていることを妨害したくないから。「高校入試」（P202-203）のポスターもそう。脚本を書き終わったら、一番完成を楽しみにしているお客さま気分で待っていました。あのポスターは面白かった。長澤まさみちゃんで二面性を表現していて。

清川　びりびりと破ったことで二面性を出しつつ、黒板にいろんな言葉を書いて、あの時代の子供と大人の間にいる人たちの感覚を表現したんです。ハッピーな言葉を書いていても、実際は何も感じていなかったりするような。

湊　次の『贖罪』（P194）の装丁もあさみさんにお願いしましたよね。お忙しいって分かっていたんだけれど。『贖罪』は作家になったら絶対書きたいと思っていた話で、文庫化する時には本として完璧なものにしたかった。だから、絶対あさみさんにお願いしたかった。自分でも数字にちょっと自信があったので、強気のメールを送りました。「本屋の棚をあさみさんの絵で埋め尽くしましょう」って。

清川　嬉しかった。かなえさんがすごく大切にされている作品なので、遊ぶというよりも、ずっと残るものとして考えました。

湊　あさみさんにテーマを聞かれて「過去と現在をつなぐようなイメージで」と伝えたら、忙しいのに3つも考えて

くれて。出版社の担当者も「ひとつしか選べないのが残念」と言っていました。

清川 ジャンルは違いますが、「人間観察が上手だ」ってよく聞かれません？田舎で育ったから。

湊 失礼だけれど、あさみさんの家のまわりって本当に何もないですよね？「情熱大陸」見ていてびっくりした。

清川 ほんとにそう。だから「何を参考に育ったの？」って聞かれます。

湊 何もないところからほんとに、「清川あさみワールド」ができているのが不思議。

清川 何もないからいろんなものが見えてくる。探そうとするし、人だけだから、そこから作品が生まれるのかな。

湊 ただ、世界は自分の中にあるというか。あるものを参考にしてつくるんだったら何もないところではできないけれど、結局は自分の中でつくっているからまわりは何でもいいのかな。「淡路にいるから書けるんじゃないか」って言われるけれど、別に東京でもいい。自分がいる限り作品はできる。

清川 それよく分かる。私も同じ。うちの親すごく厳しくて、淡路島ではちょっと化粧しただけでも大変。おしゃれにいつ目覚めたかと言うと、19歳の頃、突然目覚めた。誰も見てないのに着飾ってた。最初はロリータだったから色の派手な服を着たり、コム・デ・ギャルソンとか着たり…。『ココちゃんとダンボールちゃん』(P186-187)の絵本でも、最初はコンプレックスとか引き込もりからはじまっているんですよ。

湊 そうだね、コンプレックスは大きいね。持っていないから求めるし、足りないから補おうとするし。そう思うと、何もないところにいたってことは、ないから自分で世界をつくっていたかもしれないし、出たいという願望を叶えるために、自分の中で違う場所をつくっていたのかも。私は淡路島よりさらに小さい因島で育って、修学旅行くらいしか出たことがなかったから、「ここじゃない場所」をずっと考えていた。今ある場所じゃなくて、違う場所を自分でつくって身を置いていた。

清川 私もそうだ…。かなえさんって冷静な「俯瞰の目」を持っていますよね。女性なのに半分男性というか。物語を書く順番とか、視点がいつも女性っぽくない。「俯瞰の目」を持っている気がします。

湊 きっと突き放しているからなのかな。例えば一人称で書いていても、書いているときはその人物が好きだけれど、違う場面になるとその人物を突き放す。多分、私、作品だけじゃなく、自分自身でも誰かと仲よくなってべたべたするのが苦手だったり、入って来られるのがいやだったり。怖いのかな？結構仲がいい人に「一緒にいるのに一緒にいない気がする」と言われたことがある。

清川 すごく分かる気がする。

湊 それってラジオの共演の時も聞いたけれど、あさみさんが〈美女採集〉するときに、対象の人と仲よくなりすぎるとせっかく自分が一歩引いて見ていたものが壊れたり、距離が縮まったことで違うものになってしまう。距離は必要って。

清川 そう、その距離感の取り方に共感した。

湊 あさみさんって、女性だからではなく、人としてすごいと思う。女性の目線からではなく、あさみさんは男でも女でも作品をつくれるし、その人が持っているものを性別によるものとしたくない。女性でも男性でもなく、淡路島でも東京でも関係なく、あさみさんというすごいアーティストなんだよ、っていう感じです！ 誰かがこういうのつくりたいからと思って、観察して一歩ずつあさみさんに近づこうと思っても、似せた作品はつくれるけれど、同じ所には行けないんですよ。

清川 モデルを辞めてから肩書きを決めるときに、自分だけのジャンルをつくって、誰とも競争しなくてもいい世界にしようと思ったんです。最初から比べられない人になろうと。モデルのときは何かの競争の世界のようなものもあったので。手っ取り早く自分の頭にあるものを出せるジャンルをつくろうと。だからストレスとか辛かった時期はなくて、逆に中高生の頃が一番辛かったですね。かなえさんはどうですか？

湊 私、数字がついてくるのがしんどくって。数字はまわりの人の期待に応えているかどうかだから。満足できる仕事ができても、数字が伴うのがしんどい。とは言え普通でいいから自分がやりたいことができるところに身を置きたいと思っても、ここまで来たから数字が減ることをまだ素直にいいとは思えなくて。この仕事をする上ではまわりの人の期待に応えなくてはいけないでしょ。

清川 私は大きな数字はうれしいけれど、数字を気にする作品と、気にしなくてもいい作品とをいくつか同時進行しています。そうすることでバランスが取れる気がしますから。

湊 かなえ　Kanae Minato
小説家。広島県因島生まれ。2007年に『聖職者』で小説推理新人賞を受賞。その後『告白』『贖罪』などベストセラーを次々と発表。映画化やドラマ化されて話題となる。

対談 5

Isao Yukisada × Asami Kiyokawa
行定 勲　清川 あさみ

P：永野雅子 ／ 文：鈴木久美子

鉄骨が入っているのにやわらかい。
勉強もしつつ、天才ぶるのが魅力

行定　僕は清川さんを深く知っているわけじゃないんだけど、期待を裏切らないし、無敵なところがすごいと思います。たいていは鬱屈しているんだけど、清川さんってそう見えないし、正しい評価を受けて、その評価を軽々と越えている。ある種、脅威ですよね。嫉妬って感じないでしょ？

清川　嫉妬って自信がないと生まれないから。私、もともと自信ないんですよ。小中生の頃は引き込もりだったので高校に入ってまずいと思い、まずファッションに目覚めたんです。発信型になったらファンができて、次第に根拠のない自信がついた。自信って大切で、彼氏ができて、東京に出てきた日にスカウトされて、雑誌に出て…。でも気持ちは淡路島の底辺で止まったままだったから、デビューすらも奇跡みたいでいつも冷静でしたね。小さい頃から自立心が強くて、保育園の頃からどうやったら社会とつながれるか考えていました。

行定　僕も一緒だよ。自立してたしね。うちの親は金銭的な余裕がなかったから、バイトして学校ではいつも寝てた。バイトすると大人と触れるでしょ。同級生より大人とのつきあいが多かった。

清川　同じだ。行定さんって、映画にしても本人にしても、すごく繊細な部分を感じます。

行定　自信がないのも一緒。話を聞いてなるほどと思った。今回〈男糸〉でモデルをやらせてもらって、僕が好きだったのは作品コンセプトに「生産的な部分」と書かれたところ。「生産的」と言われたことにシンパシーを感じた。例えば誰かに、「こういうのやってみませんか？」って何かを与えられるの、嬉しいでしょ？

清川　嬉しい。

行定　「清川さんが本当にやりたいのを待っていますから」と言われるよりラクでしょ。与えられたものから本当にやりたいものが見えてくる。〈男糸〉を見て感じたのは、正直だし、本能的でもあるし、僕以上に生産的。このスピードでこのクオリティを保つのは、恐ろしいくらいだね。

清川　そうかもしれないなあ。普通の私って、どんなかと監督が知りたがっていると聞きましたが、どんな感じだと思います？

行定　一見ミーハーにも見えるし、独自のスタイルがあるじゃない。話を聞いていると、淡路島で、ある種の閉塞感を感じて育ったのかなって思う。淡路島って開放感がある気がするけど、真逆だよね。天気に恵まれたところに生まれると、実は閉塞感が増すんじゃないかと。悲しみも抜けた青空と対比させるとものすごく深くなる。そういうものを感じる。だって作品はすごくダークだもんね。

清川　ほんとはすごくダークなんですよ。最初の頃の作品はすごく暗いし。3歳くらいの頃、交通事故で入院したことがあって似顔絵を描いてあげたら喜ばれて、それが最初に誰かを喜ばせた経験ですね。そのときに母親がオスカー・ワイルドの話をしてくれて。

行定　3歳でオスカー・ワイルドの話を聞いたの？

清川　うちの母親はすごい苦労人で、泣く話が好きなんですよ。自分が裸でも他人を助けに行っちゃうようなタイプで、厳しくて。私は高校生になってからは派手になっちゃっ

たから、いつも見張られていたくらい。母は保母さんだったから絵本を読み聞かせてくれていました。「絵本を描きませんか?」という話が来たときに「描けるかも」と思って、モデル辞めてからずっとこもって作品をつくっていたんです。初期の頃、作品を持ってギャラリーに行ったら、「個展をしませんか?」と声をかけられて雑誌に取り上げられたり、メディアに取り上げられたり。

行定　それって何歳?

清川　21歳。

行定　ターンが早いね。

清川　人見知りだったから売り込みとかできなくて。「誰か見つけてくれないかな?」と思っていると、いつもキーパーソンが現れるんです。

行定　僕もそうだね。でもそのときに右か左か行くべき道が分かっているんじゃない? 僕もそう。以前、40度の熱が出たのに「行かなくちゃ」って思って行ってみると、プロデューサーに出会ったり。偶然は必然として確立している。清川さんの作品って、どれもそうなんじゃない? 自分の人生を「第1章」「第2章」って区切れるでしょ?

清川　区切れます。

行定　今はつき進んでいる時だもんね。ある種。

清川　今はつき進んでいて、来年からは学びの年って思っています。2年くらい前から決めてます。

行定　その次は、自分が何かを自発的に生み出すんだろうけれど、もっと違う方向で、プロデュースとか、別のものを生み出すとか? そういう風に決めると生み出せるよね。

清川　そうなんです。いくらでもつくれちゃうんですよね。行定さんもそうだと思うんですけど、器用ですよね。バランスを取れる。

行定　でも疲れるでしょ?

清川　う〜ん。人より疲れる。飽き症だし。だから仕事を終えるの早いですよ。夕方には終わらせて、会食とか行きます。そこでいろんな情報をもらってくる。

行定　映画を見ていても違うことを考えているでしょ? 絵を見ているけれど、別のものを構築しているでしょ? 会話していても深く考えないでしょ? なのに理解している。頭いいんだよね。

清川　私、何でもポンポンと早く終わらせたいタイプで、本も斜め読みするんです。作家の性格を分析しちゃうし、感覚で読んじゃう。感動より先に感覚で動く。でも感動したものって共通していて、この本は誰に届けたいのか、ユーザーの好みとか方向性がミックスジュースをつくるように感覚的に理解できる。常に客観的でありたいから、肩書は「清川あさみ」でいい。

行定　それ全部、今の活動に表れているよね。作品は作家性が強くて、あまり多面的じゃない。どれを見ても清川さんの作品だと分かる。でも本人はとても多様的。僕は逆。自分自身に多様性がない、いつも同じ店に入って同じものを食べる。でも作品は僕の名前がなければ、僕の作品とは分からない方がいい。清川さんの作品を見ると、正直で嘘をついていないのが分かる。

清川　すごい正直なんですよ。

行定　男みたいだね。でも性格はめちゃめちゃ女だよね。骨はあるけれど、フニャフニャしていて、作品は鉄筋が入っている感じ。女性的な部分と男性的な部分を両方持っている。天才だと思うけど、「努力もしています」と言って天才ぶってる。

清川　私が男子と女子、大衆目線で物事を見られるのは、学校が共学だったからかな。

行定　それでよかったと思えるところに成功の秘密があるわけ。アート系に行っているとすると。

清川　実はそれほど、アートや刺繍に詳しいわけでもないと思います。なぜやっているかというと、自分的にもまわり的にもそれではじまってしまったから。自分が発信できる入口ができたんだと思います。

行定　自己評価と他者の評価は違う?

清川　違いますね。自分としては成功していると思うのは、〈コンプレックス〉シリーズと絵本。他の人によく評価されるのは、〈美女採集〉や『銀河鉄道の夜』ですね。

行定　僕の映画、「つやのよる」(P198-201)のポスターを清川さんにお願いしたのだけど、これは2年間準備していた映画ができなくなったときにつくったもの。ある種、抜け殻の状態で紡ぎ出した短編。自分にとってはとても大切な作品だけれど、ある意味空洞化された映画だったから、補塡したくて清川さんを起用したんだと思う。これで清川さんというアーティストが分かった。今度は僕がプロデューサーになって清川さんに撮ってもらおうかな?(笑)

行定 勲　Isao Yukisada
映画監督。「GO」「世界の中心で、愛をさけぶ」で注目を浴び、一躍ヒットメーカーとなる。2010年、第60回ベルリン国際映画祭にて国際批評家連盟賞を受賞。近年は中国の映画界にも進出。

Asami Kiyokawa's History

清川あさみ年表

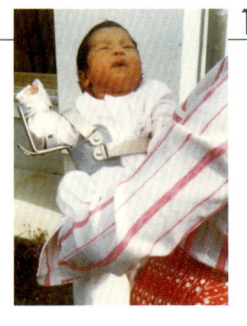

1979		兵庫県淡路島に清川家の長女として生まれる 1 逆子による分娩麻痺で手に不自由があったため、装具を身につけて過ごす。
1981		2歳のとき、稲の穂をたくさん食べて、喉をつまらせる 2 稲の穂がのどに引っかかって魚の骨のように刺さってしまう。お医者さまに「辛抱強い子ですね」と言われた母は、痛いのを我慢できる子だと知る。
1983		4歳のとき交通事故にあう 3 徳島の病院に1か月入院する。完全看護だったため母は付き添えず、親元を離れて過ごす。同じ病室にいたおじいちゃん、おばあちゃんの似顔絵を描き、人を喜ばせることを知る。オスカー・ワイルド「幸せな王子」、オー・ヘンリー「最後の一葉」を母に読み聞かせてもらい衝撃を受ける。
1986		個性のない小・中学時代 4 なるべく目立たないように日々過ごす。 気づいたらスケッチブックを持ち、山、工事現場、お寺の絵を描く。「となりのトトロ」の映画に出てくるような実家のまわりに、自分だけのディズニーランドや公園をつくる。6年間ほど少女バレーをやるが、身長が小さいためなかなか強くなれない。中学生になって勢いだけで入った部活はソフトボール部。朝も放課後も練習で日焼けの日々。 いろいろなことに無気力だったが、美術はいつもオール5。表彰状は数知れず。中学2年生のとき無気力症候群に陥り、母は高校に入れないとあきらめる。絵を描く宿題が出たとき、友人を手伝い、人に求められることにやりがいを見出す。高校受験で、1番いい高校に入れるように猛勉強する。
1995		1月17日、阪神・淡路大震災発生 中学3年生のとき阪神・淡路大震災を体験し、生命について考えさせられる。 県立洲本高校入学。モテ期を迎える（女子からの）5 高校受験に自信がなくて合格発表を見に行けず、電話で合格の報告を受ける。ファッションに目覚め、前髪はピンク、真っ赤なヴィヴィアン・ウエストウッドのコート、ヒールで学校に通う。好きなブランドはコム・デ・ギャルソン。バンドを組む（ボーカル担当）。大阪の美術予備校に通い、美大の推薦をもらうが、急に気が変わり、東京に行きたくなる。
1998		上京、文化服装学院入学 6 上京したその日にスカウトされる。何誌もの雑誌で読者モデルの仕事をはじめる。「読者モデル」の先駆として人気を得る。はじめてたくさんのファンレターをもらう。東京コレクションのモデル、イベントMCも務める。『A*Girl』（学研）「清川あさみの3000年BUSU」など連載も多数。学校と撮影に追われる日々。
1999		祝、成人！ 7 無事に成人式を迎える。

2000

モデル活動を休止 8
卒業の前後から、糸や布を素材とした作品や写真に刺繍を施した作品など、手わざを生かした個性的な作品をつくりはじめる。接着芯を使った油絵のような手法でアーティストデビュー。

バンガローをデザインする 9
地元、淡路島のテーマパーク「淡路ワールドパークONOKORO」内にある、淡路ワールドビレッジのバンガローをデザインする。

2001

個展「SAUCE」(ギャラリートラックス／山梨) 10
自身はじめての個展となった。

個展「evidence」(edit.for LuLu／東京) 11

2002

作品集『futo Kiyokawa Asami × Takimoto Mikiya × Morimoto Chie 』(マドラ出版)を刊行 12
写真家・瀧本幹也氏とコラボレーションを熱望し、叶う。作品集の出版に合わせて、作品展「futo」(gallery ROCKET／東京)を開催。

企画展「BEAMS T」(BEAMS T 原宿／東京)に参加 13

2003

デザインの仕事が舞い込みはじめる 14
ある日の夕方、仕事で撮った写真に刺繍糸が置いてあるのを見て、縫ってみようと思い立つ。清川の「写真刺繍」という技法が生まれた瞬間。

2004

ベストデビュタント賞、映像・グラフィック部門受賞
日本メンズファッション協会が創設した、新人クリエーターやアーティストの中から、特に社会、文化、業界、一般の人々に支持され、影響を与え、将来を期待される人たちに贈られる賞を受賞。

企画展「Harajuku Collabo Apartment」(ラフォーレミュージアム原宿／東京)に参加 15

「トップランナー」(8月1日、NHK教育)に出演

2005

個展「COLOR ROOMS」(HEP HALL／大阪) 16

サンリオなどの広告のアートディレクションを任せられる 17

木村カエラ「リルラリルハ」のCDジャケットをデザイン 18
この年から、さまざまなミュージシャンのCDジャケットを手がけるようになる。(JUJU、m-flo、柴咲コウなど)。

2006

株式会社ASAMI設立 19

〈美女採集〉を企画、連載開始 20
女性に囲まれ仕事をすることが多く、美女好きなことから、旬な女優、アーティストなどを動植物に例えることで女性の本質を浮き彫りする、〈美女採集〉を自ら企画する。衣装・ディレクション・アートワークまで、トータルにすべてを手がける。雑誌『relax』(マガジンハウス)にて連載。その後、雑誌『流行通信』(INFASパブリケーションズ)を経て雑誌『FRaU』(講談社)に引越し。

2006

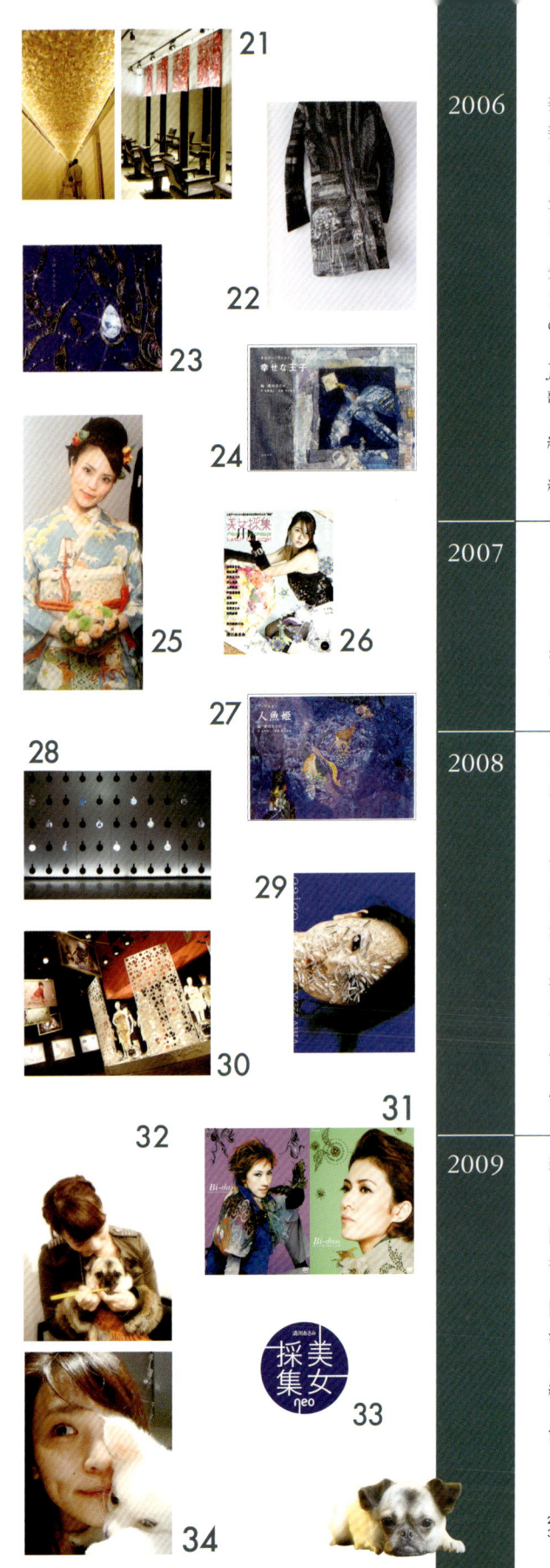

美容室や飲食店の空間アートを手がける 21
美容室「Luxe」（表参道）、フィットネスクラブ「ILLOIHA」（恵比寿）、レストラン「kisala」（赤坂）などの空間アートを担当。

企画展「biishiki A New Japanese Aesthetic」
（Esso Gallery／ニューヨーク）に参加 22

矢沢あい原作 アニメ「Paradise Kiss」のキャラクターをスタイリング
ファッションを題材にした矢沢あいの人気漫画『Paradise Kiss』のアニメ化で、前代未聞のアニメのキャラクターの全シーンのスタイリングを任せられる。

JUJUの「奇跡を望むなら」のCDジャケットをデザイン 23
歌姫JUJUのブレイクのきっかけと言われる。

絵本『幸せな王子』（リトルモア）を刊行 24

結婚（〜2012年）25

2007

ムック『美女採集 Asami Kiyokawa catch the girl』
（INFASパブリケーションズ）を刊行 26
〈美女採集〉で旬な女優22人とコラボレーションし、メディアでも多く取り上げられる。

絵本『人魚姫』（リトルモア）を刊行 27

個展「清川あさみの美女採集」（パルコファクトリー／東京）28

2008

『清川あさみ作品集 caico』（求龍堂）を刊行 29
尊敬する写真家・荒木経惟氏とのセッションを掲載した作品集。清川の顔がガラスのように割れた表紙は、荒木氏の写真にガラスビーズを無数に縫いつけたもの。

個展「清川あさみ Catch The Moment」（HEP HALL／大阪）30

「Bi-dan」連載開始 31
衣装・アートディレクション・アートワークのすべてを手がける「源氏千年紀記念 宝塚劇団トップスター 源氏をめぐる物語」を雑誌『和樂』（小学館）にて5回にわたり連載。宝塚歌劇団各組のトップスターが「源氏物語」をイメージソースに、光源氏のごとき美少年を演じる。写真は篠山紀信氏が撮影するという壮大なコラボレーション企画。

個展「HAZY DREAM」（三菱地所アルティアム／福岡）

愛犬きなこと出会う（獅子座の女の子）32

2009

雑誌『すばる』（集英社）の表紙を担当（〜2011年）
さまざまな作家とのコラボレーションを展開（穂村弘、江國香織、本谷有希子など）。

「com-po-ji」連載開始
書家武田双雲氏とのコラボ企画。雑誌『Zipper』（祥伝社）にて連載。

「美女採集 neo」連載開始 33
注目される女優、アーティスト、ミュージシャンから、アニメ、漫画の人気キャラクター（『エヴァンゲリヲン新劇場版』の綾波レイなど）総勢約200名ほどが採集され、現在も継続中。

愛犬モナカと出会う（蟹座の男の子）34

29 出典：『caico 清川あさみ作品集』（求龍堂）撮影：荒木経惟
31（左）『COSMIC ROSE』Photo by Kishin Shinoyama／Artwork by Asami Kiyokawa Model by 水夏希（宝塚歌劇団 元雪組）
（右）『夕顔』Photo by Kishin Shinoyama／Artwork by Asami Kiyokawa Model by 安蘭けい（宝塚歌劇団 元星組）

2009

企画展「手で創る森英恵と若いアーティストたち」(水戸芸術館／茨城)に参加 35
10メートルのドレス、ギリシャ語で「情念」を意味する〈pathos(パトス)〉を発表。永遠の美しさを求める女性のエゴは、決して死を受け入れることはできない。「すべての女性が抱く美しき一瞬と、それと常に隣り合わせの破滅。その刹那にこそ永遠が垣間見える」というコンセプトの作品。

企画展
「Stitch by Stitch 針と糸で描くわたし」(東京都庭園美術館／東京)に参加 36

ユニクロとのコラボレーションTシャツを発売 37

エトロ銀座本店のショーウィンドウを手がける 38
その歴史と共に常にブランドの姿を進化させ続けるETRO。ETRO×SWITCH Special Window by Asami Kiyokawaで「生命力」を象徴する「Love Tree」をコンセプトとした作品を発表し、ウィンドウを飾る。雑誌『SWITCH』(スイッチ・パブリッシング)とのコラボレーション企画。

クリスマスの広告ビジュアルの仕事が増える 39
松屋銀座「2009 CHRISTMAS STARS made with CRYSTALLIZED™ — Swarovski Elements」など、クリスマスシーズンの広告を手がける。

絵本『銀河鉄道の夜』(リトルモア)を刊行 40
絵本としては異例のヒット作。

2010

VOCA展佳作賞受賞 41
VOCA展(全国から選抜された有望な平面作家による展覧会)で佳作賞を受賞し、現代美術界に新風をもたらす。

作品集『PRISM』(共著 佐々木希、幻冬舎)、書籍『com-po-ji』(共著 武田双雲、祥伝社)、写真集『ノゾキミ』(共著 佐々木希、幻冬舎)、『AKB48×美女採集』(講談社)を刊行 42
AKB48全員を採集した『AKB48×美女採集』は大きな話題となる。

作品集『清川あさみ作品集 ASAMI KIYOKAWA－5 Stitch Stories』(パイインターナショナル)を刊行 43
本人の活動10周年を記念した作品集。

2011

3月11日、東日本大震災発生
人生2度目の震災となる。

「ようこそ先輩」(6月11日、NHK教育)に出演 44

図鑑絵本『もうひとつの場所』(リトルモア)を刊行 45
絶滅種、絶滅危惧種ばかりを集めた図鑑絵本。東日本大震災のため、予定より遅れて出版されることになり、たくさんの色を届けたいという思いを込め、2枚の絵〈希望の樹〉、〈火の鳥の夢〉を追加。

個展「清川あさみ 美女採集」(水戸芸術館／茨城) 46 (P82-87)
水戸芸術館全館規模の個展を開催する作家としては最年少であることが大きな話題となる。これをきっかけに〈美女採集〉展が全国展開される(東京、宮崎、名古屋、札幌、大阪)。

「清川あさみ 美女採集」展公式図録兼書籍
『COLLECTING 清川あさみドキュメンタリー』(求龍堂)を刊行 47
展示作品だけでなく、制作風景や展示の設営風景など、これまであまり見せてこなかった作業する姿を収録。

2012

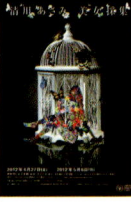

「情熱大陸」(2月5日、TBS)に出演 48
〈美女採集〉の制作秘話を中心に、プライベートも公開される。

テレビや映画の広告を多数手がける 49
テレビドラマ「恋なんて贅沢が私に落ちてくるのだろうか?」(P206)や「高校入試」(P202-203)、映画「つやのよる ある愛に関わった、女たちの物語」(P198-201)など。

湊かなえの短編集『サファイア』(角川春樹事務所)の
カバーデザインを手がける 50　(P195)
湊かなえ氏のラブ・コールにより実現。女性のコンプレックスを表現するために一般女性のヌードをビジュアルにし、大胆かつ見る人を引きつける装丁に落とし込んだ。

谷川俊太郎氏との共作絵本『かみさまはいる いない?』
(クレヨンハウス)を刊行 51　(P188-193)
ロンドンで今夏開催された2年に1度のコングレス(児童書の世界大会)の日本代表となる。(JBBY「社団法人日本国際児童図書評議会」より選出)

『美女採集』(講談社)を刊行 52
雑誌『FRaU』での連載約3年分の美女総勢35人の作品をまとめた1冊。

個展「清川あさみ 美女採集」(表参道ヒルズ／東京) 53　(P88-89、112-119)
表参道ヒルズの最多動員数を記録。ハーゲンダッツとコラボレーションし、巨大なお菓子でできたドレスを発表して話題になる。

〈男糸 DANSHI〉を発表 54
初の男性をモデルにした作品。角界で活躍する日本、アジアを代表する著名男性(20名以上)とコラボレーションし、男の美学、生きざまを表現。被写体を歴史上の人物や、著名人、神話の登場人物に例え、写真に刺繍をして作品にする企画。雑誌『GLAMOROUS』(講談社)にて連載、その後、引越し。

絵本『グスコーブドリの伝記』(リトルモア)を刊行 55　(P176-179)
宮沢賢治の第2弾。東日本大震災後だったため、火山が噴火するという作品の内容に抵抗があったが、この機会に、今こそ日本の美しい風景を絵本のなかで再現したいと思い、制作を決心する。

憧れのカール・ラガーフェルドに会う

「GAP CREATIVE LABEL」に参加 56　(P134-135)
GAPが提唱するコンセプト「BE BRIGHT」をキーワードに、創意あふれる方法で新たな文化の可能性を切り開く一端を担っているオーセンティックなアーティストとして参加し、GAPのデニムを使って大がかりな新作を制作。

個展「清川あさみ 美女採集」(みやざきアートセンター／宮崎) 57　(P90-93)
みやざきアートセンター開館3周年記念特別企画展。絵本シリーズの原画、〈美女採集〉〈男糸 DANSHI〉シリーズなどの清川ワールドが九州に初上陸した。

花王の洗剤「アタック」のパッケージをデザイン 58　(P160-164)
今までの洗剤パッケージのイメージをくつがえす華やかで、きらきらした清川流パッケージが話題となる。

「VOGUE JAPAN Women of the Year 2012」受賞 59

サンリオの広告ビジュアルを手がける 60　(P130-131)
著名人がマイメロディのコスチュームなどをデザインする展覧会「夢見る My マイメロディ展」とクリスマスプロモーション「Sweet Christmas」のメインビジュアルを担当。

59 (左) 撮影：篠山紀信

松屋銀座のクリスマス広告ビジュアルを手がける 61 (P124-129)
松屋銀座のクリスマスプロモーション「Dreamy Christmas」のメインビジュアルを担当。アジア、ヨーロッパで人気沸騰中のプーリップ展とコラボレーションし、衣装からメイクまで全体を通してディレクションを手がけた、清川あさみモデルのプーリップも販売され話題となる。ウィンドウは清川プーリップとヴィジュアルで埋めつくされ、そのディスプレイは高く評価される。清川実寸大（150cm）のプーリップ人形も店内に出現し、清川本人も感動する。

通販カタログ「ニッセン」の毎号巻頭のビジュアル構成担当
40年の歴史があるニッセンのイメージに新しい風を吹かせることに成功する。

雑誌『VOGUE JAPAN』（コンデナスト・ジャパン）にて
Lexus LSとコラボレーション 62 (P156-159)

個展「清川あさみ 美女採集」（ジェイアール名古屋タカシマヤ／愛知）63

絵本『こども部屋のアリス』（リトルモア）を刊行 64 (P180-185)
絵本の出版に合わせて、「清川あさみ『こども部屋のアリス』絵本原画展」（銀座・ポーラ ミュージアム アネックス／東京）を開催。(P98-100)

PARCOのトイレを空間プロデュース 65 (P74-77)
女性が必ず立寄りたくなる理想的なトイレの空間プロデュースを任される。女性の憧れである「お姫様」をコンセプトに、池袋本館2階は「白雪姫」、札幌2階は「シンデレラ」をデザインテーマに、洗練されたレストルーム「Lip Room」をつくり上げる。

NESPRESSOの東京初路面店オープンに伴い、
キャンペーンでコラボレーション 66 (P64-71)
プレミアムポーションコーヒーのパイオニアとして世界市場をリードするネスプレッソが、清川とコラボレーションキャンペーンを展開。ネスプレッソのカプセルコーヒー「グラン・クリュ」全16種類からインスピレーションを受け制作し、ネスプレッソの世界観をアートで表現。

個展「清川あさみ 美女採集」（JRタワー プラニスホール／北海道）67

「茂木健一郎の発想の種 IMAGINE」（BS日テレ）で初のMCを務める 68
脳科学者の茂木健一郎氏とともに初のテレビMCを務め、さまざまなジャンルのトップクリエイターに出会う。

自分のなかで1番の美女だと憧れるミューズ、ナタリー・ポートマンに会う
ナタリー・ポートマンをはじめ、サラ・ジェシカ・パーカー、周迅（ジョウ・シュン）など、世界の美女たちに、さまざまな場面で偶然出逢う。採集していない美女が、まだまだたくさんいることに気づく。

対談「美色レストラン」、扉作品「美少年執事」連載開始 69
お気に入りの美少年を執事に仕立てたアート作品を扉に、清川が仲のよいクリエーターを招き、食事をしながら対談する企画。雑誌『ROLa』（新潮社）にて連載。

「転ばぬ先の夏木マリ」（NHKラジオ第1）出演中
番組で悩める女性を対象にしたラジオ番組に夏木マリ、室井佑月と共に出演中。

KOSEより清川デザインパクトが発売 70 (P140-146)
大好評につき、発売当初から話題となる。

ドラマ「ガラスの家」（NHK）ポスタービジュアルを担当 71

個展「清川あさみ 美女採集」（大丸ミュージアム〈梅田〉／大阪）72

2013

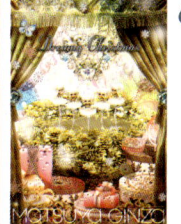

2013

創(つむぎ)賞受賞
ASIAGRAPHにてアジアが誇る優秀なクリエイター・技術者・研究者に年に1度贈られる「創(つむぎ)賞」「匠(たくみ)賞」。これまでの受賞者には、秋元康氏、井上雄彦氏、隈研吾氏などがいる名誉ある賞を受賞。女性としては初。

『週刊少年ジャンプ』(集英社)46号にてONE PIECEとコラボレーション (P48-49)
願ってもないコラボレーションが実現。自らコンセプト、衣装などを提案しラフをおこして尾田先生に提案。クールでアダルトなONE PIECEの世界をつくった。

東レ「ウルトラスエード®」茶室を監修 73 (P72-73)
東レの新素材「ウルトラスエード®」を使って監修した茶室。クールジャパンを意識した斬新なモノクロ茶室に仕上げた。壁が光る演出も施されている。

絵本『ココちゃんとダンボールちゃん』(リトルモア)を刊行 74 (P186-187)
19歳の頃にはじめて描いた処女作をリメイクした絵本。

作品集『男糸 DANSHI』(講談社)を刊行 75 (P36-41)

個展「男糸 DANSHI」(パルコミュージアム/東京) 76 (P78-81)

PARCOクリスマス「LOVE MAX! XMAS!」広告&CMを任される 77 (P102-111)
クリエイティブディレクター・アートディレクター・コピーまで手がけた。店内装飾など、全国のパルコのクリスマスを総合ディレクション。

RICHOのデジタルカメラGRで映像作品「HAZY DAYS」を制作
「BE YOUR EYES.」をテーマに、カメラや写真の魅力を独自の発想や着眼点で、自由に映像で表現するGR Short Movie Award。リリー・フランキーや操上和美など各界の著名人とともに参加。

原画展「もうひとつの場所」(ノエビア銀座ギャラリー/東京)

2014

個展「清川あさみ 男糸 DANSHI」(阪急うめだギャラリー/大阪)

「世界らん展 日本大賞2014」(東京ドーム/東京)に作品出展 78 (P60-63)
毎年40万人が訪れるという伝統ある「世界らん展日本大賞」に蘭を使った作品を出展。今までのらん展のイメージを覆す、斬新な4mの大作を制作した。

西武・そごうの春のキービジュアル「SPRING DANCE」を手がける 79 (P57-59)

ディズニー映画「アナと雪の女王」のアート作品制作
憧れのディズニーと初のコラボレーション。映画は大ヒット。

LUXボディーソープとコラボレーション、オリジナル広告を手がける 80 (P148-151)
LUXボディーソープのもつ「香水のような上質な香り」をテーマとした全4ビジュアルを制作。

個展「清川あさみ 男糸 DANSHI」(名古屋パルコ/愛知)

イタリア・ミラノサローネに作品出展 81 (P52-56)
2020年のオリンピック開催地に決定し、今、世界から注目を集める日本・TOKYOの今を伝えるCREATIVEエキシビジョンとして、TOKYO DESIGNERS WEEKが「TOKYO IMAGINE - ABLE & PARTNERS TOKYO DESIGNERS WEEK in MILANO - 」を開催。メインビジュアルを担当し、その他、和のメリーゴーランドを制作したインスタレーション&空間デザインで清川流に東京を表現。東レの茶室も公開。

本作品集『清川あさみ ひみつ』(パイインターナショナル)を刊行 82

現在も、美術作品をはじめ衣装、空間デザイン、広告、イラストレーション、映像などさまざまなジャンルで質の高い作品をつくり続けている。

Special Thanks 協力（敬称略）

エイベックス・エンタテインメント株式会社
NHK
表参道ヒルズ
株式会社 ASAMI
株式会社 アミューズ
株式会社 アリオラジャパン
株式会社 アワーソングスクリエイティブ
株式会社 インディーズ
株式会社 AKS
株式会社 エトロ ジャパン
株式会社 NHK エデュケーショナル
株式会社 F1 メディア
株式会社 太田プロダクション
株式会社 沖データ
株式会社 オスカープロモーション
株式会社 角川春樹事務所
株式会社 KADOKAWA メディアファクトリー
株式会社 求龍堂
株式会社 キューブマネージメントオフィス
株式会社 クラフト ワールドワイド
株式会社 GRIZZLY (TAKAKI_KUMADA office)
株式会社 クレヨンハウス
株式会社講談社
株式会社 コーセー
株式会社 コムスシフト
株式会社 サンボークリエイト
株式会社 サンリオ
株式会社 シグノ
株式会社 篠山紀信
株式会社集英社
株式会社 新潮社
株式会社 スコープ
株式会社 スターダスト音楽出版
株式会社 スターダストプロモーション
株式会社 ステラエンターテイメント
株式会社 セプト
株式会社 そごう・西武
株式会社 ソニー・ミュージックコミュニケーションズ
株式会社 ソニー・ミュージックジャパンインターナショナル
株式会社 宝塚クリエイティブアーツ
株式会社 電通

株式会社 トップコート
株式会社 パルコ
株式会社 ビーエス朝日
株式会社 ファインズマン
株式会社 フジテレビジョン
株式会社 双葉社
株式会社 プロダクション・アイジー
株式会社 ポーラ・オルビス ホールディングス
株式会社 マイルド
株式会社 マガジンハウス
株式会社 松屋
株式会社 ムガミヤハラフォトグラフィア
株式会社 ユマニテ
株式会社 読売新聞東京本社
株式会社 リトル・モア
隈研吾建築都市設計事務所
廣告社株式会社
合同会社 コンデナスト・ジャパン
小林ぱく
綜合警備保障株式会社（ALSOK）
デザインアソシエーション
東映株式会社
東宝芸能株式会社
東レ株式会社
ネスレネスプレッソ株式会社
林 海象
Brain-Club.net
前 康輔
水戸芸術館
みやざきアートセンター
安田音楽事務所
ヤマザキマリ
有限会社 アノレ
有限会社 イルチル
有限会社 大人計画
有限会社 ディーコード
有限会社 パイナップル・アソシエイツ
有限会社 ルースター
ユニバーサル ミュージック合同会社
LOVABLE
RCKT / Rocket Company*

本書をまとめるにあたり、上記の方々をはじめたくさんの皆様にご協力頂きました。
誠にありがとうございました。心より感謝いたします。

清川あさみ作品集　ひみつ
Asami Kiyokawa Stitch Stories Himitsu

2014年5月12日	初版第1刷発行

著者	清川あさみ
アートディレクション	山本知香子
デザイン	小野里恵（山本デザイン）
年表デザイン	石井一十三
編集	荒川佳織
編集協力	鈴木久美子

発行人	三芳寛要
発行元	株式会社 パイ インターナショナル
	〒170-0005 東京都豊島区南大塚2-32-4
	TEL 03-5395-4811　FAX 03-5395-4812
	sales@pie.co.jp

編集・制作	PIE BOOKS
印刷・製本	株式会社東京印書館

©2014 Asami Kiyokawa / PIE International
ISBN978-4-7562-4477-2 C0072
Printed in Japan

本書の収録内容の無断転載・複写・複製等を禁じます。
ご注文、乱丁・落丁本の交換等に関するお問い合わせは、小社までご連絡ください。